# 面向未来的环境素养培育

Mianxiang Weilai De Huanjing Suyang Peiyu

杨　琳 / 著

上海教育出版社
SHANGHAI EDUCATIONAL PUBLISHING HOUSE

代序　实践之树常青，思想之花常艳

# 实践之树常青，思想之花常艳

## ——读《面向未来的环境素养培育》有感

曹杨中学杨琳校长送来书稿，提及读过我十多年前写的《课程管理概论》，而她写的书中课程建设是重点，想请我写序。多年之前，上海市普陀区举办过名校长工作坊，坊里校长个个都是精于"设计施工"的行家里手，杨琳便是其中的一员。我忝在指导专家之列，也算当过她的"导师"，对曾经的"学员"的要求，自然难以推却，只得领受任务，冒着酷暑读书稿。可我读着读着，不但有了兴致，而且有些感想，于是便信笔写下。

曹杨中学和控江中学是中华人民共和国成立初期上海人民政府在沪西和沪东工人居住区所建的两所面向工人子弟和归国华侨子弟招生的学校。曹杨中学校舍仿苏联学校建造，几排苏式红砖二层楼房掩映在高大茂密的梧桐树丛中。操场上有400米跑道和绿草如茵的标准足球场，这在寸土寸金的上海市区可谓"豪华版"校园了。1956年两校均被上海市政府命名为上海市重点中学，在沪上教育界，它们恰似沪西、沪东的两颗"明珠"，是上海的百姓子弟心向往之的精神乐园。可惜后来因"文革"动乱，曹杨中学丢掉了"上海市重点"的桂冠，再后来又从上海中心城区迁址到邻近嘉定区的一隅，而且转制为民办学校。因民办学校不能参加市实验性示范性高中的评审，曹杨中学又一次失去了夺回"上海市重点"桂冠的良机，教师的情绪自然颇为失落。当时我在上海市教委任基础教育办公室副主任，分管市实验性示范性高中的评审工作，面对熟悉的曹杨中学老教师急切的问询，心里也是五味杂陈，宽慰的话如何开口？我想起苏联电影《列宁在十月》中瓦西里的话，"面包会有的，一切都会有的"，也只能喃喃地讲一句"机会会有的"。可什么时候有，谁也不知道。对于"曹杨人"来说，这机会一等就是难熬的十年。终于上海市教委决定评审市特色普通高中了，"曹杨人"翘首以盼的一天终于来到了，就像世界杯足球赛，在比赛场外候场10

年,憋足了劲,颇有实力的"曹杨队",终于可以上场"竞赛"了。全体"曹杨人"上下一心,奋力一搏,终于通过专家组层层严格的评审,曹杨中学被市教委评为上海市首家(当时唯一一所)特色普通高中。整整"烤"了10年的"面包"终于熟了,且散发出诱人的香味。可这"面包"究竟是如何"烤"出的?又"香"在何处呢?我从杨琳校长的《面向未来的环境素养培育》一书中慢慢地"品"出"味"来了,值得津津乐道。

首先,学校的特色发展定位选择得好。"环境素养培育"之所以能被称为"面向未来"的教育,其主要原因是环境素养是人可持续发展的必备素养和关键能力之一,培育人的环境素养是生态文明建设对人才培养的需要,也是人能够自由而和谐地发展、能够诗意地栖居在这共同的地球、美丽的家园的需要。因此说,学校将"环境素养培育"作为特色发展定位,是具有时代性、先进性、前瞻性的。

其二,学校基于人自身生存发展的环境,提出了"大环境"(自然环境、社会人文环境及与之息息相关的人自身的心理环境)育人理念,将学校原有的环保教育发展为更具普适性、普惠性的"环境素养培育",尤其值得称道的是,突出了营造良好的心理环境对于人自由而和谐发展的重要性。我认为,这是对传统环境教育的创新性发展。

其三,学校以课程为"环境素养培育"的载体,聚焦特色课程系统的构建,将原有的孤立分散、类型单一的环境教育特色课程(项目)开发,整合为"3+2"特色课程群,进而全方位地构建起由课程目标、内容、实施、管理、资源、评价6个子系统构成的"环境素养培育"特色课程系统,这样就使课程育人的效果达到了最大化。

其四,在课程实施上,通过特色课程嵌入式、特色目标渗透式、特色内容与学科内容糅合成新教育主题式的"三式"策略,和特色课程与基础型课程(国家课程)有机结合、与拓展型课程广泛整合、与研究型课程深度融合的"三合"途径,整体构建了学校凸显"环境素养培育"特色的课程体系,解决了很多学校存在的特色课程实施与现行国家课程实施的"两张皮"的问题。

其五,学校依据育人目标以及"环境素养培育"的目标,以国家课程、"环境素养培育"课程、校园"育人场"等为载体,富有新意地构建了由课程教学、实践体验、环境熏陶、文化滋养等要素构成的凸显"环境素养培育"特色的育人体系,富有成效地培育了学生的环境素养,全面提升了学生的综合素质,真正使特色课程育人融入学校整体的育人体系之中,产生了"1+1>2"的效应。

其六,学校致力于"环境素养培育"校园"育人场"建设,包括"责任担当"的校园"文化场","知行合一"的校园"实验场","和谐共生"的校园"心理场"等的建设,充分发挥了隐性课程资源稳定、持续、正向的潜移默化作用,使得显性课程和隐性课程的育人功能相辅相成、相得益彰。

曹杨中学在特色创建中将特色发展的定位、特色育人体系的构建、与现行课程统合的特色课程系统建设、特色课程教师队伍建设、社会教育资源的整合等特色发展的诸多要素加以统合,使特色发展有机地融入了学校整体的育人体系之中。杨琳主持开展的"立德树人导向的'环境素养培育'特色教育实践与研究"成果荣获2017年上海市基础教育教学成果一等奖、2018年基础教育国家级成果二等奖,为普通高中创建特色提供了值得借鉴的实践经验。这也许就是曹杨中学脱颖而出,被评为上海市首家特色普通高中的原因吧!

读完这本书,我们可以清晰地看到"曹杨人"这些年走过的艰辛历程,有梦想追求,有理性求证,有宏图大略,有适切举措,有精细设计,有认真实施,在学习中思考、在实践中反思,不断生发出新思想、新创意,始终孜孜以求新发展、新突破。行笔至此,我突然想起德国诗人歌德的一句名言:"理论是灰色的,而实践之树常青。"我不知道这句诗的翻译可信否,其实,理论并不总是灰色的,当理论与实践相结合,不断有新思想、新创意注入的理论就是清如许的"活水",在源源不断的"活水"滋润下,实践之树才能根深叶茂、鲜花盛开。

愿曹杨人继续在不断汲取新理论、新思想养分的创新性实践探索中,永葆实践之树常青,思想之花常艳!

2018年仲夏

# 目 录

## 第一章 生态文明视域中的环境观 ... 1
- 第一节 人类环境观的发展 ... 1
- 第二节 生态文明建设与环境素养培育 ... 9
- 第三节 国内外中小学环境教育的现状 ... 12

## 第二章 "大环境"视域中的"环境素养培育"及其教育价值 ... 25
- 第一节 环境与学校教育 ... 25
- 第二节 "大环境"视域中的"环境素养培育" ... 29
- 第三节 环境素养是先进的世界观 ... 32
- 第四节 环境素养是积极友善的情感态度 ... 35
- 第五节 环境素养是环境友好的综合能力 ... 37
- 第六节 环境素养是绿色健康的生活方式 ... 39

## 第三章 "环境素养培育"的现实需要和实践基础 ... 44
- 第一节 我国中小学环境教育的基本要求 ... 44
- 第二节 对学生进行正确价值观引领的需要 ... 47
- 第三节 推进特色普通高中多样化发展的需要 ... 50
- 第四节 学校开展"环境素养培育"的实践基础 ... 52

## 第四章 "环境素养培育"特色育人体系的顶层设计 ... 57
- 第一节 学校特色发展定位的设计 ... 57
- 第二节 凸显"环境素养培育"特色育人目标的设计 ... 61

第三节　凸显"环境素养培育"特色的育人体系整体设计 …………… 64

## 第五章　"环境素养培育"特色课程系统的整体构建 …………………… 68
　　第一节　基于现代课程观的特色课程系统构建 …………………… 68
　　第二节　"环境素养培育"特色课程系统的整体设计 ……………… 70
　　第三节　"环境素养培育"特色课程系统的目标设计 ……………… 74
　　第四节　"环境素养培育"特色课程系统的内容设计 ……………… 77

## 第六章　"环境素养培育"特色课程的实施和管理 ……………………… 91
　　第一节　特色课程与现行课程的统合 ……………………………… 91
　　第二节　"环境素养培育"特色课程的实施策略和方式 …………… 101
　　第三节　"环境素养培育"特色课程的管理 ………………………… 115

## 第七章　"环境素养培育"特色课程的评价系统 ………………………… 128
　　第一节　"环境素养培育"特色课程的发展性评价 ………………… 128
　　第二节　"环境素养培育"特色课程教师教学（指导）活动评价 …… 131
　　第三节　"环境素养培育"特色课程学生学习活动评价 …………… 135

## 第八章　学生环境素养评价体系的构建 …………………………………… 142
　　第一节　学生环境素养评价指标系统的构建 ……………………… 143
　　第二节　学生环境素养评价标准系统的构建 ……………………… 145
　　第三节　学生环境素养评价计量系统的构建 ……………………… 152
　　第四节　学生环境素养评价体系中概括性问题评价 ……………… 155
　　第五节　学生环境素养评价中获取评价信息的主要方法 ………… 157

## 第九章　"环境素养培育"校园"育人场"的建设 ………………………… 159
　　第一节　"场"理论在"环境素养培育"中的应用 …………………… 159
　　第二节　"责任担当"的校园"文化场"建设 ………………………… 161

第三节 "知行合一"的校园"实验场"建设 ………………… 163
第四节 "和谐共生"的校园"心理场"建设 ………………… 165

## 第十章 "环境素养培育"的保障机制建设 ………………… 169
第一节 以教科研引领"环境素养培育"的发展方向 ………… 169
第二节 "环境素养培育"的人力资源建设 …………………… 180
第三节 "环境素养培育"的教育共同体建设 ………………… 183
第四节 "环境素养培育"的硬件设施建设 …………………… 185
第五节 "环境素养培育"的管理保障建设 …………………… 190

## 第十一章 "环境素养培育"特色教育的成效 ………………… 194
第一节 "环境素养培育"特色教育中教与学方式的转变 …… 194
第二节 "环境素养培育"特色教育中教师素养的提升 ……… 196
第三节 "环境素养培育"特色教育中学生综合素质的提升 …… 199
第四节 "环境素养培育"特色教育中学校整体发展水平的提升 …… 205

**结语** ……………………………………………………………… 210

# 第一章 生态文明视域中的环境观

## 第一节 人类环境观的发展

### 一、环境的定义

所谓环境,按照法国著名启蒙哲学家狄德罗的观点,是指"围绕着人类并对其生活和活动给予各种各样影响的外部条件的总和"[①]。环境既包含大气、水、土壤、植物、动物、微生物等自然元素,又包括了观念、制度、行为准则等社会元素。既有广义的环境概念,也有狭义的环境概念。

狭义的环境主要是指自然环境,《中华人民共和国环境保护法》第二条对狭义的自然环境作了界定:"本法所称环境,是指影响人类生存和发展的各种天然的和经过人工改造的自然因素的总体,包括大气、水、海洋、土地、矿藏、森林、草原、野生动物、自然遗迹、人文遗迹、自然保护区、风景名胜区、城市和乡村等。"

广义的环境概念从词源学的角度追溯,包含了两层含义:一是指围绕在我们周围的一切事物以及我们与周围事物之间不可分割的紧密联系;二是指我们与周围的事物之间的联系不是静态的,而是相互作用和相互影响着的。《美国环境百科全书》中作出了这样的定义:"环境(environment)来自于法语单词environ或environner,意思是'附近''到处''周围''包围',是指生物体——包括人类——周围事物和状况的总体。"[②]

通过对上述关于"环境"一词的基本定义的分析,我们首先可以明确的是,环境并不像我们通常所理解的那样,仅仅局限于单纯的外部环境,诸如天气、森

---

① [法]狄德罗.不列颠百科全书[M].北京:中国大百科全书出版社,2007.
② [美]威廉·P.坎宁安.美国环境百科全书[M].张坤民,主译.长沙:湖南科学技术出版社,2003.

林、流水、山川等,而是一套复杂的生态系统——既包含着构成主体生存条件的各种外界物质实体,即"围绕着人类的外部世界,是人类赖以生存和发展的社会物质条件综合体"①,同时也囊括了促进人类生存的种种纷繁复杂的社会因素的总和。

**二、环境的要素**

既然环境指的是一种复杂的人类生态系统,那么环境的属性同样也是复杂的,因此,我们认为环境应包含自然环境、社会环境以及与其息息相关的人自身心理环境的三大要素。

(一) 自然环境

所谓自然环境,是指对人类的生存和发展产生直接或间接影响的各种天然形成的物质和能量的总体,如大气、水、土壤、日光辐射、生物等,按其组成部分细分为大气环境、水域环境(淡水和海洋)、土壤环境、地质环境、生物环境(动物、植物)等②,主要指地球上的五大圈,即大气圈、水圈、土圈、岩石圈和生物圈。如今伴随着科技的飞速发展,人类开始了对外太空的探索,从某种意义上说,人类环境已经超出了地球的范围,或许在不久的将来,自然环境的外延还将得到进一步扩展。

(二) 社会人文环境

社会人文环境通常是指人类创造的物质和非物质成果的总和。物质成果一般指建筑设施、园林景观、文物古迹、工具器皿等,非物质成果一般指社会习俗、法律法规、语言文字、文化艺术等。这些成果都是人类创造的,具有文化烙印,渗透着相当程度的人文精神。需要强调的是,社会环境反映了一个民族的历史与文化,也是一个社会整体的历史积淀。如果仅仅关注自然环境,而缺乏对人类社会环境,尤其是人文环境的重视,将极大程度地遗落环境文化的本义,同时也会忽视人的因素环境的深刻影响,甚至会伤害到自然环境。

---

① 夏征农.辞海[M].上海:上海辞书出版社,1983.
② 周训芳.环境概念与环境法对环境概念的选择[J].安徽工业大学学报(社会科学版)2011,11(5).

(三) 心理环境

与自然环境、社会环境息息相关的是人自身的心理环境。最早提出心理环境这一概念的是美籍德裔心理学家考夫卡(K.Kqffka,1886—1941)和勒温(K.Lewin,1890—1947)。作为格式塔心理学派的主要代表人物,他们"把环境或个人看作一种整体的存在,任何具体的心理和行为事件都在这个整体的制约下发展和变化"①。

考夫卡和勒温在解读心理环境时,对物理范畴的环境和心理范畴的环境做了区分,即物理范畴的环境是独立于人而存在的,心理范畴的环境则是能够被人所感知和理解的。后来,勒温在其创立的拓普心理学派理论中,提出了"心理环境"这一基本概念,并将其界定为人脑中对人的一切活动发生影响的环境事实,即"对人的心理事件发生实际影响的环境"②。

概括来说,心理环境作为一种对人的心理和行为产生实际影响的环境,是在客观环境的作用下,通过主体对客观环境的内化、整合,在一定心理时空表现出来的、对主体心理行为产生实际影响的观念环境③。在心理及人类意识与现实世界互动的层面上来说,心理环境的重要性绝不亚于自然环境与社会环境,尤其是随着人类活动的复杂程度日趋加强,心理环境对于人类的生存与发展将产生更深远巨大的影响。

通过对构成环境的三大要素的分析,我们可以明确,环境是一个复杂的整体综合系统,基本包含着所有能够影响人类生存的物质与精神因素,同时也处于时刻变化之中,需要人们随时把握自身活动对于环境的整体影响。换言之,人类活动对环境的影响具有综合性的特点,同样,环境系统也从各方面反作用于人类,所产生的效应也是综合性的。从本质上来说,人类与其他生物最根本的区别在于,人类清楚地知道人为地影响环境、改造环境的目的不仅只是为了生存,还为了不断提高自身的生存品质。因此,人类希望通过劳动生产和技术手段来改造自然环境,使之更加适合生存,营造更舒适的生活环境。但由于人

---

① 朱智贤.心理学大词典[M].北京:北京师范大学出版社,1989.
② 朱智贤.心理学大词典[M].北京:北京师范大学出版社,1989.
③ 苏世同.心理环境论[J].吉首大学学报,1999(4).

类活动对环境影响具有综合性的特点,其后果很难预判。生存环境改造后有可能更适合人类生存,但也有可能恶化了人类赖以生存的环境。正因为如此,在漫长的发展进程中,人类的生存环境逐渐演进成为一个庞大而又复杂的多层次、多组元并且相互交融的环境体系。人和环境之间形成既相互对立、相互制约,同时又相互依赖、相互促进的辩证统一关系。

### 三、人类早期朴素的环境观

正是基于这种复杂的对立统一的竞合关系,人类很早就认识到了需要和生存环境保持紧密而良性的动态互动关系。人类早期的环境观,主要是基于所生存的自然环境而言的。经过数千年来的探索实践,人类确实也因为各自所处自然环境条件的不同,形成了各具特色的环境观,这些环境观在现实生活中指导着不同地区的人们更好地利用环境,优化环境,最终改善生活,谋求发展。

首先,需要说明的是,人类与环境之间和谐共生的关系并不是一开始就自然而然地存在的,而是在漫长的人类进化史中,通过艰辛的探索与深刻的思考逐渐形成的。人类与外部环境早期的关系,因为受限于早期人类的理性认识与科技生产力水平,最初状态其实是"听命于自然",产生了以自然为中心的原始崇拜。

早期的人类没有完全掌握工具和方法去应对自然环境中各种不可预测的变化,缺乏客观认识自然现象的能力,只能通过对现实或对想象中某些动植物或神灵进行图腾崇拜,以获得超自然的解释并祈求庇护。这种不科学的臆想与崇拜,形成了人类早期听命于自然的自然崇拜观——大自然是某种具有神奇魔力的造物主,或者是人类不可达到的梦中家园,又或者是一种巨大的精神体的化身。总之,人类早期听命自然、敬畏自然的自然崇拜观具有明显的唯心色彩,使得人类无法摆脱对自然的盲目崇拜,以致不能在最大程度上利用自然,改造自然。但这种对自然的敬畏与崇拜,也充分体现了人类尊重自然的朴素自然观,是具体历史时期人类整体发展状况所决定的,为日后人类与自然环境和谐共生的良性关系奠定了一定基础。

狩猎时代之后,人类进入了漫长的农耕时代,对自然的认知水平得以提高,对自然资源利用的能力也不断增强。新工具的使用、新生产技术的掌握使人类更容易获得更丰富的生活资料。然而,仍然落后的生产力制约了人类进一步认识自然的广度和深度,也限制了他们适应自然、利用自然的能力。因此,当时的人类很大程度上依然只能屈从于自然,在这种背景下,以"自然优势主义"为要义的"自然中心论"随之诞生。

"自然中心论"的观念长期影响着人类对环境的基本认知和态度,导致人类的思维方式、行为方式和实践过程都围绕着自然、受制于自然,甚至屈从于自然,由此束缚了社会生产力和人类文明的发展进程。因此,在漫长的历史演进中,人类一直为了自身的生存和发展,在不断探索适应自然、改造自然、超越自然的道路。

**四、中国古代"天人合一"的环境观**

正是在上述探索过程中,中国古代哲人逐渐形成了师法自然的"天人合一"学说,可以说是人类早期与自然环境产生良性互动而形成的环境观的重要理论基础。

中国古代哲人长期致力于观察自然,总结规律,其中以老子、庄子为代表的道家学派,其思想学说中的一个基本立足点即为尊崇自然。道家学派创始人老子倡导"人法地,地法天,天法道,道法自然",认为人的行为应该顺应自然,又回归于自然。

庄子则在老子的基础之上进一步发展和充实了"道法自然"的思想。庄子《天道》云:"明白于天地之德者,此之谓大本大宗,与天和者也;……与人和者,谓之人乐,与天和者,谓之天乐。"抽象的"大本大宗"均发源于自然的天地之间,足见"道"的自然属性。但是庄子反对把宇宙自然作支离破碎的认识,认为自然本来是合一的、整体的、和谐的,因此"师法自然"必须对自然进行整体意义上的认识和了解。庄子推崇"天地与我共生,而万物与我为一"的天人合一的观念[1],由此从本体性和价值层面上了解和把握自然的意义,进而推延于一切社会

---

[1] 李久生.环境教育的理论体系与实践案例研究[D].南京大学,2004.

文化行为。由此可见，按照老子与庄子"道法自然说"的观点，人类在自然面前处于从属地位，人的主观意志和思维意识服从于自然的造化，因此，人应该尊崇而不是试图去主宰和盲目改造自然，应该遵循自然法则和本性特征，走与自然和谐共生、协同发展的道路。

如果说老庄学派对自然更多的是推崇与学习的心态，那么相比之下，儒家学派则更致力于达成"天人合一"的境界。"天人合一"是儒家对人与自然关系的最佳表述，成为中国哲学的重要命题。例如，作为中国古代传统文化结晶的《易经》，对人与环境的关系提出了关于"自然本源"的认识以及"元""道""太极"等概念。这是我国古代先哲们基于对宇宙的认识和理解，以自发的唯物主义观点所作出的朴素表达。在此后的战国时期，儒家代表孟子和道家代表庄子从不同的视角发展了这一观点。到了汉代，思想家董仲舒则明确地提出了"天人之际，合而为一"的观点，即"天人合一"观。

春秋时期，随着无神论思想和朴素唯物主义的兴起，先贤们开始更深入地思考"天"与人的关系，有关"天人"关系的原始观点逐渐演变发展到哲学层面：一是按照人类社会关系来塑造"天"，强调礼仪法规应以"天"为最高依据来制定和执行；二是把"天"看作广阔无限的大自然，强调人的一切活动必须遵循自然规律，不可任意妄为[①]。战国时期的孟子和庄子便分别是这两种理论的代表人物。

到了宋代，哲学家们普遍关注世界统一性问题、主体与客体关系问题、自然与社会关系问题等。"天人合一"思想也发展为占主导地位的古代环境观，几乎为各派哲学家所接受。

如果聚焦在人类与自然环境这一问题层面，"天人合一"论一定程度上是中国古代哲学家、伦理学家、政治家、教育家及文学家共同创造并完善的观点。基于这一观点，中国古人对于人与自然环境关系的认识摆脱了早期人类片面盲目的迷信崇拜阶段，走向了一条良性互动、和谐共生的发展之路。在这一观念的影响下，中国人自古以来与自然环境的关系基本上是和谐的，也

---

① 余敦康，参见中国百科网 http://www.chinabaike.com/article/baike/1000/2008/200805111443285.html，天人合一，2014.7。

很早就开始思考如何通过与自然环境的和谐相处,为人类自身生活谋求更大的生存空间。更重要的是,中国古人的"天人合一"学说从根本上重新调整了人与自然的关系,是解决日益尖锐、紧迫的人与自然之间矛盾的重要思想和理论基础。

**五、西方环境观的发展**

西方环境观的发展历程可以概括为"环境决定论""环境可能论""人类中心论""人地协调论"4个阶段[①]。

"环境决定论"的起源,最早可以追溯到古希腊亚里士多德的"气候决定论"和柏拉图的"海洋决定论"。这两大理论都强调自然环境的统治地位,认为气候条件、地理位置等环境因素决定了社会形态、民族性格和发展进程。直到18世纪中叶,"环境决定论"依然是西方主流环境观,主要代表人物为法国启蒙思想家孟德斯鸠、英国历史学家H.T.巴克尔、德国人类地理学家F.拉采尔等,都坚持自然要素对人类社会具有决定性作用。例如,孟德斯鸠在其代表作《论法的精神》中阐述了地理环境决定政权性质的观点,着重强调了自然要素对国家、民族和社会发展进程的影响。当然,这一时期的学者已经开始受到达尔文进化论观点的影响,例如德国人类地理学家F.拉采尔虽然极力主张环境对人类活动和分布的影响,提出"环境统治人类命运"的论点,但也客观分析了影响人类分布和发展的复杂因素,提出了重视人类活动的影响力。

"环境决定论"学说过于绝对化地强调环境的作用,暴露出思想和方法上的缺陷。一批学者,如法国地理学家维达尔和白兰士提出了"环境可能论",认为环境对人的影响不是绝对的,而是相对的,"同样的环境中可以出现不同的生活方式"。从"环境决定论"发展为"环境可能论",是西方环境观对环境关系认识的一大进步,对人与环境之间相互作用、相互影响的辩证关系也有了更为客观的理解和阐释。

---

① 李久生.环境教育的理论体系与实践案例研究[D].南京大学,2004.

随着科学技术的发展和生产力水平的提高,人类对自然环境的认识日益深入,伴随着的便是日渐增强的征服欲和改造欲。到了文艺复兴时期,西方对人与环境关系的认识又走向另一个极端的倾向,出现了以人为中心的环境观——"人类决定论",并逐渐被学界所推崇。"人类决定论"认为人是第一位的,是主宰万物的制造者和统治者;自然是第二位的,是被人类所主宰的被制造者和被统治者。这一学说的主要代表人物英国哲学家培根就提出"征服和统治自然是人类完全所能及的,其途径是发展科学和技术",他的名言"知识就是力量"为人们熟知和认同。在这种环境观的影响下,人类主观能动性得到充分激发,通过科学发现和技术创新创造了大量的物质和精神财富,推动了人类社会的快速发展。然而,这一学说由于过分强调人的主观能动性,片面追求经济高速发展,忽视了自然界对人类生活的影响和作用。

"人类决定论"所带来的直接影响是人与自然环境的关系严重失衡,生存环境受到极大破坏,人类为此付出了惨痛的代价,迫使人们反思人与环境间应该采取什么样的相处方式。20世纪后期,"人地协调论"在西方迅速发展起来,东西方环境观前所未有地一致,人类进一步认识到必须与环境和谐共生、协同发展,人类社会才能得到健康、可持续的发展。

通过对中西环境观的简述,我们可以看出人与环境之间的基本状态:

一是"人与环境之间的共生性",指的是人与环境由于时时刻刻进行着物质交换、能量流通与信息交流,从而成为一个相互依存的统一体,保持着一种动态平衡。

二是"人与环境之间的适应性",指的是人类在进化发展的过程中,面对环境条件的不断变化,经过长期的适应性调节,对环境变化产生了适应能力。可以说,现代人类的身体结构、生理功能和行为特征都是适应其周围环境变化的必然结果。环境的组成与性质也因人类的生活和生产活动不断变化,产生了对人类的"适应性"。例如,动、植物为了生存繁衍,生长特征和生活习性也随着人类的发展发生着改变。

三是"自然环境的独立性",指的是虽然人类与环境已经形成了一种相互依存的关系,但是自然环境却是能够独立于人类而存在的。因此,是人离不开自然环境,而不是自然环境离不开人类,这进一步说明了生态文明建设的重要意义。

因此,无论是千百年来人类社会的演化进步,还是人类与自然环境的不断互动,都从理论和实践上证明了人与自然环境必须和谐共生、协同共进,人类才能繁衍生息,人类文明才能发展延续。

## 第二节 生态文明建设与环境素养培育

### 一、新时代呼唤生态文明建设

众所周知,20世纪50年代以来,全球范围的环境问题日益突出,已经严重影响到人类社会的可持续发展,这迫使人类开始更加关注环境问题,并努力寻求解决环境问题的途径和方法。在这一过程中,人类也逐渐认识到环境教育是解决环境问题的一种非常重要和行之有效的途径。如果缺失环境教育,忽视对未来的地球主宰者们进行适时、必要的环境素养培育,那么人类未来将会付出更巨大的生存代价。环境教育由此而诞生,对环境教育的理论和实践研究也随之起步。

特别需要强调的是,环境教育也是未来中国发展方略中的重要内容,其重要性不仅仅局限在教育领域。从根本上说,环境教育以及对未来公民进行必要的环境素养培育,是新时代中国特色社会主义建设中的重要构成,只有放在关系到全民族发展生存的高度上,我们才能真正认识培育环境素养的紧要性和迫切性。因此,我们首先需要从国家生态文明建设战略的层面来把握环境素养培育。

党的十九大首次将"树立和践行'绿水青山就是金山银山'的理念"写入了报告,并在表述中与"坚持节约资源和保护环境的基本国策"一起成了新时代中国特色社会主义生态文明建设的思想和基本方略。同时,十九大通过的《中国共产党章程(修正案)》,进一步强化和凸显了"增强绿水青山就是金山银山的意识"的表述。这既有利于全党全社会牢固树立社会主义生态文明观、同心同德建设美丽中国、开创社会主义生态文明新时代,更表明党和国家在全面决胜小康社会的历史性时刻,对生态文明建设做出了根本性、全局性和历史性的战略部署①。这充分显现出未来的发展趋势是从工业文明转向生态文明,因此整体的、系统的生态文明建设,不仅是中国未来的发展道路的重要部分,更成为衡量裁断各种工作的一项重要指标。生态文明建设要为实现富强、民主、文明、和谐、美丽的社会主义现代化强国做出独特的贡献。

诺贝尔奖获得者保罗·克鲁岑在21世纪初就提出了"人类世"的概念——环境因为愈发严重的人类活动影响而开启的一个新的地质时期。克鲁岑认为地球地质意义上的"人类世"应该始于瓦特发明蒸汽机,即工业文明时代的开端。工业文明虽然取得了人类历史上最伟大的成就,但是所造成的全球性、区域性环境污染、生态破坏、资源短缺等,也使人类社会面临着从未有过的环境问题。大气、土壤、水资源、森林、草原等生态系统受到严重破坏,生物多样性减少,废弃的生产设备、生活垃圾等有毒有害物质大量堆积,大大超过自然环境能自我消解的能力。这都在整体上改变着地球的生态系统结构,严重透支了人类赖以生存的自然资源,地球生态资源已经濒临人类生存所需的极限。面对这种局面,西方发达国家在工业文明模式下,率先发起了全球范围的环境保护运动,各个国家纷纷制定了环境保护的相关政策,采取了各种各样的环境保护措施。

因此,作为习近平新时代生态文明建设思想的核心价值观,生态文明是当代中国和世界生态建设的自然辩证法,为从根本上科学认知生态文明、践行生态文明提供了价值导向和实践范式②;同时也为我国青少年教育提出了一项明确要求,即我们在青少年教育阶段不仅要充分认识到生态文明建设的重要意义,更要将这一思想体现到具体的教育教学实践中去,真正从日常点滴开始培养学生的生态文明意识,提升环境素养。

事实上,中国传统文化对个人素养一直极其重视,始终认为教育不仅是一个人学习技能、增长本领的过程,更是改善心性、提升品质的过程。因此,较之

---

①② 黄承梁.习近平新时代生态文明建设思想的核心价值[J].行政管理改革,2018(2).

于外在的技能提升,中国文化自始至终更加关注人的素养提升。

## 二、生态文明建设必须提升人的环境素养

关于素养,《汉书·李寻传》中有这样的说法:"马不伏枥,不可以趋道;士不素养,不可以重国。"南宋著名诗人陆游认为:"气不素养,临事惶遽。"《后汉书·刘表传》中关于素养的论述是"越有所素养者,使人示之以利,必持众来"。由此可见,在中国文化中"素养"是指后天通过实践和体验而形成的修为涵养。在西方,教育的终极目的被表述为"创建一个有着高素养公民的社会(Create a Society of Literate Citizens)"。因此,"造就具有环境素养的公民"①被认为是环境教育的最终目的。

1968年,美国学者Roth首次提出了环境素养(Environmental Literacy)这一概念②。1975年联合国贝尔格莱德"国际环境教育研讨会"制定的《贝尔格莱德宪章》,提出环境教育不仅要提供环境知识,更要培养大众对环境的态度和价值③。1977年召开的第比利斯政府间环境教育会议指出,环境素养是"人们通过后天的学习而获得和形成的关于人类生存环境的知识、态度、意识、行为、技能的总和"④。1990年,联合国教科文组织在其出版的环境教育通讯《联结》(Connect)中,以全人类的环境素养为题,对环境素养作如下描述:全人类的环境素养为全人类提供基本的功能性教育——基础的知识、技能和动机,以适应环境保护的需要,并有助于可持续的发展⑤。

20世纪80年代,我国开始出现环境素养概念。但是由于当时对这个概念的理解不够深入,很长一段时间中我们将环境素养这一概念与环境意识概念混同。2001年,在绿色学校通讯及其网站上,国家环保总局宣教中心首次使用了

---

① Christine Moseley.Teaching for Environmental Literacy. The Clearing Hous September/October200023-24.
② Roth Charles E. Environmental Literacy: Its Roots, Evolution and Directions in the 1990 Erie Clearing House for Science, Mathematics, and Environmental Education, Columbus, ohio.ED348235, 1992.3-6.
③ 王冬桦.教育科学研究方法[M].北京:人民教育出版社,1986.
④ 万以诚,万妍.《新文明的路标——人类绿色运动史上的经典文献》[M].长春:吉林人民出版社,2000.
⑤ UNESCO/UNEP.Environmental Literacy for All [J]. Connect,1989,15(2):1-2.

"环境素养"一词来定义中国的绿色学校,这引起了中国环境教育界的关注①。2003年,我国教育部颁布了《中小学环境教育实施指南(试行)》,指出作为学校教育重要部分的环境培育应该"引导学生全面看待环境问题,培养他们的社会责任感和解决实际问题的能力,提高环境素养"②。由此可见,与国外对环境素养的概念、内涵等进行的60多年研究历史相比,我国在这方面还很不成熟,因此非常有必要建立我国自身的环境素养理论体系。当下对未成年人进行环境素养培育,不仅能及时弥补我国长期以来环境素养培育的短板,还是对党和政府所提出的生态文明建设要求的实际响应。

## 第三节 国内外中小学环境教育的现状

人的素养不会随着人的生长发育而自然形成,必须通过持续的学习逐渐得以提升,环境素养也是如此。因此,环境素养的培育,随着人类对环境重要性的认识,越来越受到各国的重视。迄今为止,培育环境素养的主要途径是通过学校的环境教育来实施的。因此,我们在讨论如何有效地培育环境素养时,有必要了解国内外环境教育的发展脉络与现状。

### 一、环境教育越来越受到国际社会的高度重视

国际环境教育的发展经历了一个比较漫长的过程。1965年,英国首次使用了"环境教育"这一概念,并把中小学的环境教育作为通向人与自然和谐发展的起始点③。基于国内环境日益恶化的状况,1970年美国政府就环境教育必要性和重要性达成了共识,正式通过了《环境教育法》,成为世界上对环境教育立法的首个国家。同时期,国际组织和其他一些国家也开始关注环境教育。1972年,"人类环境会议"在瑞典首都斯德哥尔摩召开,在这一具有划时代意义的国际最高级别会议上,环境教育首次获得承认,大大提升了其国际地位。1975年,

---

① 王素,余新.教师环境素养水平有待提高[J]中小学管理2001(4).
② 教育部.中小学环境教育实施指南(试行),2003.
③ 徐华红.中学环境教育的理论基础、课程组织与评价研究[J].南京师范大学学报,2011(5).

在联合国教科文组织与联合国环境规划署的共同策划下,成立了国际环境教育规划署,明确了环境教育的目的、目标、关键概念和指导原则,并为各国环境教育的实施和发展制定了指导性政策。

20世纪90年代,随着可持续发展理念在环境教育中的深入贯彻,国际环境教育的内涵和发展方向出现了新的趋势。1991年,国际自然与自然资源保护同盟、联合国环境规划署和世界自然基金会共同出版了《关心地球:可持续的生活的策略》,充分肯定了教育在可持续发展中的重要作用,把面向可持续发展的教育作为环境教育发展的重要目标。1992年,联合国环境与发展大会提出"面向21世纪的环境教育新取向"的口号,明确了环境教育面向可持续发展的新取向,得到世界上很多国家的响应,可持续发展的理念被作为中小学环境教育中必须渗透和落实的要求。

1995年,联合国教科文组织和联合国环境规划署组织召开了"环境教育重新定向以适应可持续发展需要"的地区间会议,期间提出了四大议题:①将环境教育与可持续发展联系起来,对环境教育重新定向;②人口、资源、环境与发展是相互联系的,在所有的教育活动中要将这四方面有机地结合起来;③环境教育的基本框架应包括:环境教育的目标、内容、方法和效果评估;④不能将环境教育视为某个单一学科教育的补充性内容,而应制度化、规范化、系统化和经常化。[①]

在广泛征询联合国机构、国家政府、民间团体和非政府组织以及学者和专家意见的基础上,联合国教科文组织于2005年正式发布了"联合国可持续发展教育10年(2005—2014年)国际实施计划",进一步肯定了教育在可持续发展中的重要作用,建议采用丰富多样的教育活动搭建学习体验的平台,提高公众对可持续发展的认识和理解,促进环境教育的有效开展。

通过上述对国际环境教育发展历程的简要梳理,可以发现环境教育已经从最初的不为大家所重视到如今的倍受瞩目,这一转变过程也反映出环境教育的专业性和科学性正日益加强,与其他学科的关联也愈加密切,这需要教育工作者从更宏观综合的角度去思考培育环境素养的具体实施策略和方法。

---

① 徐华红:中学环境教育的理论基础、课程组织与评价研究[J].南京师范大学学报,2011(5).

## 二、国外中小学环境教育的现状

随着环境教育这一新的教育领域在各国教育界逐渐兴起,在一些发达国家,特别是英国、美国、加拿大、瑞典、日本等国,把环境教育放到非常重要的位置。与此同时,许多发展中国家也开始把环境教育逐步纳入本国的教育体系,成为中小学教育中不可分割的重要组成部分。环境素养也被越来越多的国家视为每个民众应具备的基本素养。

(一)英国中小学环境教育

在世界上最早开展环境教育的国家之一的英国,政府非常重视环境教育。在世界自然基金会的支持和推动下,英国政府通过国家课程改革,建立了比较完善的环境教育体系,取得了丰硕的环境教育成果。

在环境教育立法与政策方面,英国议会通过了《1988年教育改革法》,将环境教育作为一门跨学科的必修课,纳入国家正规课程体系。2000年,英国教育部修订了国家课程计划,规定作为一个跨学科的主题,"可持续发展教育"必须包含在地理、科学、公民教育、科学技术4门课程内容之中。

在环境教育目标方面,英国国家课程的内涵分别对应和诠释了卢卡斯模式的三个主题,即"关于环境的教育、在环境中的教育和为了环境的教育"。在知识目标中关注环境及其保护等方面的知识,即为"关于环境的教育";在技能目标中关注让学生通过实践体验发现问题、解决问题,掌握交往、计算、探究、解决困难、合作,收集处理信息等6种技能,即为"在环境中的教育";在态度目标中关注通过渗透式的环境教育,培养学生可持续发展的价值观,即"为了环境的教育"[①]。

环境教育课程设置与实施方面,以"在环境中的教育"为户外教学课程设置的理论依据,英国中小学设置了户外教学课程,重视实践环节,强调"在做中教育",掀起了户外环境教育运动。

英国在环境教育的过程中非常重视环境问题背后所隐藏的价值取向,注重通过环境教育来对学生进行正确价值观的引导,培养他们可持续发展的意识和观念,并外显为日常生活中的自觉行为,用生态环保的方式有效解决环境问题,

---

① 毛红霞.中外环境教育的比较[J].环境教育,2005(1).

真正意义上实现"为了环境的教育"最终目标①。

(二) 美国中小学环境教育

20世纪初期,美国相继发生了"黑风暴"事件和多诺拉烟雾事件,这两大事件让人们开始意识到环境问题已经严重威胁到人类的生存与发展。20世纪60年代,美国成为世界上第一个在中小学实施环境教育的国家,开始在基础教育中开展环境教育。

在环境教育立法与政策方面,美国于1970年颁布了第一部环境教育法,成为世界上最早以立法来保障环境教育的国家。随着经济的发展,美国环境教育法经过了多次的修改和完善,1990年颁布的《国家环境教育法》标志着美国环境教育立法的进一步成熟。

在环境教育目标方面,美国将环境教育目标与美国环境教育价值观相关联。例如,初中阶段的环境教育目标中要求学生"利用多种渠道了解环境问题,提高自身的环境认知能力,能够对环境问题进行分类和排序,能够综合分析调查结果并做出特定的解释",能"从物理学角度,了解地球的物质性,并对地球的物质性进行探索。理解能量守恒定律及各自然现象之间的关系"②,能从环境和社会的角度,认识到科学技术的发展所带来的环境问题是全世界所面临的共同问题,能利用各种资源围绕身边的环境问题开展调查,等等。

在环境教育课程设置与实施方面,主要通过跨学科课程和多学科课程来开展环境教育。其中,跨学科课程是大多数州采用的课程设置和实施方式,即统整各个学科中与环境教育有关的知识内容,形成一门自成体系的环境教育课程。此外,"绿色学校计划"和"项目学习树计划"也是美国最具特色的环境教育实施模式。"绿色学校计划"是针对学校所开展的环境教育情况所设计的,与我国中小学开展"绿色学校"创建活动相类似。它是通过对学校的课程设置、校园建设、环境教育以及环境教育获得的支持等方面开展评估,确定是否符合绿色学校的标准。"项目学习树计划"则为教师和其他教育者对未成年人实施环境教育所设计的一种教育活动。即利用森林和绿地等作为通往自然的窗口,帮

---

① 徐华红.中学环境教育的理论基础、课程组织与评价研究[J].南京师范大学学报,2011(5).
② 霍志玲.中美中小学环境教育活动教学之比较[J].环境教育,2001(2).

助孩子们了解周围的自然环境和所生存的美丽星球,激发他们保护环境的责任意识,并学习如何对环境问题做出明智的决策等。这两种实施模式能够充分调动各种资源,将环境教育的实施者和实施对象紧密联系在一起,促进环境教育更广泛、更有效地开展。

(三) 加拿大中小学环境教育

当前,20世纪80年代工业化带来的环境污染问题基本上得以解决,但是全球气候变暖、臭氧层空洞以及城市化带来的各种问题日趋严重,开始阻碍社会的可持续发展。在这样的背景下,加拿大将可持续发展教育确定为该国环境教育的新使命。

在环境教育的政策规划方面,加拿大教育部将可持续发展教育作为《学习型加拿大2020》(Learn Canada 2020)计划的一项重要的内容来实施。2008年加拿大各省的教育部长联名签署了《学习型加拿大2020》。

在环境教育目标方面,加拿大将环境教育的主要目标确定为是营造一种和谐的氛围,让每个人都有机会受益于高质量教育以及积极的社会变革与发展。具体目标为增强学生环境保护的意识,鼓励他们积极参与到构建可持续发展社会的活动中来。

在环境教育课程设置与实施方面,注重将理论与实践有机结合,重视对学生实践能力的培养。加拿大环境教育形式丰富多样,主要有三种类型:一是通过与环境紧密相关的课程,如科学课和地理课,向学生传授环境保护的知识。二是将环境教育的知识融入其他学科教学之中,进行"渗透式"教学。这是目前加拿大环境教育最为普遍的形式。例如,写作课上让学生写有关环保的文章,数学课上分析和计算家用太阳能设施的节能数据等。三是重视通过各种户外体验活动,让学生亲自参与环保的实验与探究,以身体力行的方式加深对环境保护的理解,丰富环境科学知识。此外,加拿大学校环境教育非常注重培养学生的环境保护意识,并非仅仅基于课程的需要,更重要的是一种道德使命[①]。

(四) 瑞典中小学环境教育

瑞典是一个生态环境保护得非常好的国家,森林覆盖面积占整个国土面积

---

① 张曼.加拿大环境教育的新使命[J].上海教育,2015(6).

的54%左右,这得益于早在20世纪初期,瑞典就开始重视并普及了环境教育,例如,在《1919国家学校计划》中就提出了有关保护周边自然环境的要求。

在环境教育立法与政策方面,瑞典政府于1985年颁布了《瑞典环境教育法》,在学校教育中增加了环境教育相关内容,同时规定"在学校中教师及个人要鼓励学生尊重自身价值观和环境"。

在环境教育目标方面,将学生环境价值观的形成作为环境教育的首要任务。例如,在现行的义务教育大纲中,对16门课程中9门课程的环境教育目标做出了明确规定。生物课要求培养学生关注自己与自然之间的关系,养成保护自然的意识,培养处理人、自然、社会三者之间关系的能力。化学课要求学生能运用化学知识讨论环境污染及生态破坏等问题,并且能利用个人经验解决环境问题。社会课要求学生通过学习,对环境问题有独立的思考,能够提出自己的意见、发表个性化见解。[①]

在环境教育课程设置与实施方面,瑞典没有要求中小学设置专门的环境教育课程,而是以学科渗透的方式对学生进行环境教育。教师在进行环境教育时,充分利用现有的环境资源和伦理学的方法,潜移默化地将环境意识渗透在各种实践活动之中。在瑞典,公园、私人农场、草地、森林等都是实施环境教育的有效场所,全天候地为学校和学生提供免费服务,让学生在真实的环境氛围中不断提升自身的环境素质,养成健康的环境行为。

(五) 日本中小学环境教育

20世纪中期,由于战争的破坏和工业发展对资源的过度利用与开发,日本的环境状况越来越恶劣,与环境保护相关的环境教育实践活动引起了日本政府和民众的高度重视。1951年日本政府成立了"日本自然保护协会",开始对民众传播环境保护思想。20世纪60年代,随着日本工业的高速发展,工厂排放的废水、废渣等没有得到及时妥善处理,严重污染了生活环境,特别是大气和水源尤为甚之。水俣病等严重环境安全事件时有发生,环境教育的迫切性被日本政府和民众广泛关注。

---

① 胡子祎.中外中小学环境教育的比较研究[D].长春师范大学,2014.

在环境教育立法与政策方面,1967年日本"全国中小学公害对策研究会"的创建,成为日本在学校中进行环境教育的开端①。2003年,日本颁布了《环境教育法》,成为首个颁布相关法律的亚洲国家。如今,环境教育已成为日本学校教育的重要内容,也被纳入日本长期的发展战略之中。

在环境教育目标方面,日本将环境教育作为终身教育的重要组成部分,其教育目标贴近学生的实际生活,特别注重学生解决环境问题能力的培养,具有很强的操作性。例如,保健体育科规定,在要求学生具有健康体魄的同时,要培养他们保护自然、爱护自然的意识和态度。技术家庭科引入消费教育,即让能源开发、家庭排水以及家庭垃圾处理等内容走进课堂,让学生亲身参与到保护自然环境的实践活动之中②。

在环境教育课程设置与实施方面,日本主要以混合模式对学生进行环境教育,如在高中阶段通过两种教学模式进行环境教育,即多学科渗透课程模式和单独设立与环境教育相关课程的独立课程模式。日本政府就环境教育如何渗透于在中小学课程之中提出了4条建议:第一,环境教育渗透内容要系统化、具有整体性;第二,环境教育内容要与学生的认知水平相适应;第三,鼓励当地民众积极支持并参加各项环境教育活动;第四,贴近学生的生活实际情况③。

### 三、我国中小学环境教育现状

通过上述讨论,可以大致知晓国外环境教育的推进过程与历史发展状况,特别需要强调的是,同英国、美国、加拿大、瑞典、日本等国家相比,中国的环境教育还在探索发展中。但是,我国人口占世界人口总数的五分之一左右,其环境保护的优劣可以直接影响人类社会发展的未来,因此更需要抓紧落实和推进环境教育,这是关系到全民族乃至全人类生死存亡的千秋大业,不容轻视。令人欣喜的是,虽然我国的环境教育起步晚,但已经逐渐得到社会的重视和支持。

---

① 胡子祎.中外中小学环境教育的比较研究[D].长春师范大学,2014(6).
② 王磊.论我国高校环境教育存在的问题及解决途径[J].西安邮电学院学报,2009(1).
③ 刘继和,田中实.日本中小学环境教育的发展和基本理念[J].外国教育研究,1999(4).

我国环境教育的政策制定和具体实施可以分为 3 个阶段：

第一阶段是起步阶段。1973 年 8 月我国首次举办了全国环境保护会议，制定了"关于保护和改善环境的若干决定（试行）"。1979 年，有关环境教育的内容被增加到中小学教材之中，标志着我国环境教育正式拉开了序幕。

第二阶段是推广阶段。随着环境教育热潮在全球范围内兴起，也逐步成为我国学校教育中的重要内容，得到重视和推广。1980 年颁布的《环境教育发展规划（草案）》将环境教育正式纳入我国中小学教学大纲和教育计划，并在部分中小学中试行。1981 年召开了中国环境科学学会环境教育委员会第二次会议，总结并推广环境教育试点中所取得的经验，对教师培训和教材编写提出了指导意见。随后召开的第三次会议进一步强调要在中小学大力推广和普及环境教育。1991 年，国家教育委员会明确要求在高中选修课和课外活动中开展环境教育。1993 年，环境教育有关内容出现在我国新义务教育相关学科教科书中。1994 年，国务院颁布了白皮书《中国 21 世纪议程》，明确要求"在中小学普及环境教育，提高公众的环境意识，培养学生对环境的情感和对社会的责任感，从而改变对环境的不可持续行为和生活方式"。1996 年，我国正式提出将科教兴国和可持续发展作为国家发展的基本战略。有关调查数据表明，到 1994 年，我国有超过 70%的中小学在教学计划中纳入并在课堂教学和课外活动中实施环境教育，初步形成了环境教育课内外联动的新局面。

第三阶段是发展、成熟阶段。我国借鉴了发达国家的经验，在政策的保障下，开展了有益的实践探索，环境教育逐渐成熟，开始融入全球环境教育体系。1998 年我国加入联合国教科文组织可持续发展教育项目（ESD），"尊重他人，包括当代人和后代人，尊重差异和多样性，尊重环境，尊重我们居住的星球"的价值观对我国环境教育产生了重大影响。为此，教育部在 2003 年颁布了《中小学生环境教育专题教育大纲》和《中小学环境教育实施指南（试行）》，对环境教育的理念、目标、内容、实施策略和方法等进行了明确的规定，强调要"兼顾环境、社会和经济三方面的平衡，突出人类在环境方面所担当的责任；注重引导学生全面地认识和分析环境问题，树立可持续发展的观念"。一批"国际生态学校"

和国家级"可持续发展教育示范校"涌现出来,代表了我国环境教育的较高水平。进入社会主义生态文明建设新时期的这几年,在环境教育中大力弘扬中国"天人合一观"和"建设人类命运共同体"的价值取向,标志着我国环境教育已进入新的历史阶段,在借鉴、反思和完善中不断探索具有中国特色的环境教育之路。

在环境教育目标方面,在2003年教育部颁布的《中小学环境教育实施指南(试行)》中,环境教育的目标确定为:"旨在引导学生关注家庭、社区、国家和全球面临的环境问题,正确认识个人、社会和自然之间相互依存的关系;帮助学生获得人与环境和谐相处所需要的知识和技能,养成有益于环境的情感、态度和价值观;鼓励学生积极参与面向可持续发展的决策与行动,成为有社会实践能力和责任感的公民。"同年颁布的《中小学生环境教育专题教育大纲》中,根据不同年龄阶段学生的身心特点,按照"四阶段四主题"对环境教育目标进行了明确分类。四阶段分别为:第一阶段小学1~3年级、第二阶段小学4~6年级、第三阶段初中、第四阶段高中。对应4个阶段的4个主题分别为:感受环境、认识环境、审思环境和探索环境。同时对"四阶段四主题"的目标设置如下:

小学低年级"感受环境"阶段,目标是亲近、欣赏和爱护自然;感知周边环境,以及日常生活与环境的联系;掌握简单的环境保护行为规范。

小学高年级"认识环境"阶段,目标是了解社区环境和存在的主要环境问题;感受自然环境变化与人们生活的联系;养成对环境友善的行为习惯。

初中"审思环境"阶段,目标是了解区域和全球主要环境问题及其后果;思考环境与人类社会发展的相互联系;理解人类社会必须走可持续发展的道路;自觉采取对环境友善的行动。

高中"探索环境"阶段,目标是认识环境问题的复杂性;理解环境问题的解决需要社会各界在经济技术、政策法律、伦理道德等多方面的努力;形成关心环境的意识和社会责任感[①]。

---

① 王红旗.解读中小学生环境教育专题教育大纲[J].环境教育,2003(4).

在环境教育课程设置与实施方面,我国基础型课程(国家课程)计划中没有专门设置的环境教育课程门类,主要是在地方课程和学校课程中以选修、拓展的方式开展环境教育。具体实施方式融合了国外环境教育的各种模式,主要有3种:

一是在学科教学中渗透环境教育。这是各地学校在课堂教学中普遍采用的一种方式。将环境教育的价值导向和相关内容渗透在各学科之中,既能减少学生的课业负担,又能有机结合各学科内容对学生进行环境教育。

二是通过综合实践活动开展环境教育。这种方式是我国中小学目前开展环境教育的最主要方式。通过综合实践活动进行环境教育,能让学生在亲身参与中对环境问题有更深刻的认识,在实践中培养发现和解决环境问题的能力,同时丰富学习体验,增强社会参与意识和社会责任感。

三是在校本课程中开展环境教育。我国已经有许多中学在高中阶段开设了校本化的环境教育选修课,特别是在教育发达的地区,一些学校已经设计、构建并实施了富有学校特色的校本化环境教育系列课程,系统性地开展环境教育,成效显著。

经过近50年的努力,我国已基本形成了具有中国特色的环境教育体系,并纳入国家教育发展规划之中,成为学校教育的重要组成部分。但不可否认的是,我国中学环境教育仍然存在着若干问题。

**四、我国中小学环境教育中亟待解决的问题**

**(一) 环境教育的实施途径和方式仍较单一**

在学校教育中开展环境教育是我国开展环境教育的主要途径,是培养学生环境意识、提升国民环境素养、促进我国可持续发展的重要途径之一。目前,在中学教育中环境教育主要的两种方式是,将环境教育相关内容渗透到各学科的日常教学中,并充分利用课外活动时间开展环境教育,但在实际操作中成效却不很明显,主要的原因是:在学科教学内容中,渗透环境教育的哪些内容、如何渗透、在哪些环节渗透等取决于教师个体的认识水平和教学能力,而且每门学科都有本学科的教育目标和教学任务需要落实,往往会削弱教师主动渗透环境教育的积极性,这会进一步影响环境教育的渗透效果。课外实践活动虽然受到师生的欢迎,但受时间、地域、人员、经费等因素的限制,较难有效地实施和落实。除了学校教育之外,我们缺乏环境教育的社会氛围,也没有建立相应的环境教育社会机制。民众环境意识比较薄弱,因此在家庭中也很少涉及环境教育。过度依赖学校教育这一单一的途径开展环境教育,不利于形成浓厚的氛围,也影响了环境教育的实施成效。

(二) 环境教育评价体系不够完善

我国环境教育的总目标对培养和提高学生的环境意识、环境知识、环境技能、环境行为等有明确的规定。但实际情况是,中小学在开展环境教育过程中对实施情况和实施效果,如学校是否开展或怎样开展环境教育、教师环境教育的理念和方式是否科学合理、学生是否达到环境教育的阶段性目标要求等,缺乏有效的评价手段。虽然教育部2003年颁布的《中小学环境教育实施指南(试行)》中对如何进行评价提出了比较详尽的指导意见,但缺乏具有较强操作性的配套评估指标和评价手段以及系统的环境教育评价体系。目前,中小学对环境教育目标的完成情况,多数是通过书面的知识性测试来进行判断。据调查,我国中小学生对环境知识的知晓程度与环境意识和环境行为的养成情况有较为明显的反差:学生往往对环境知识掌握得比较好,却没有能够养成与知识掌握程度相匹配的环境意识与环境行为。这说明,通过环境知识测试来评价环境教育效果的方法不科学,也存在着教育导向性问题。由此可见,如果不建立完善的评价体系,环境教育总目标的有效达成,仍然是艰巨且长远的过程。

(三) 环境教育的投入仍显不足

我国对环境教育的投入不足主要体现在师资力量投入上。学校教育是我国目前环境教育的主要途径,而教师是环境教育的主要实施者,因此,教师环境教育素质的高低直接影响着学生的环境素养水平。但实际情况是,由于教师编制限制、环境教育教师发展的上升通道不健全等原因,中小学难以配备具有专业背景的环境教育师资,而现有教师往往缺乏环境教育的专业培训,自身也缺乏相关的环境知识和技能,难以胜任环境教育的各项任务。此外,由于环境教育不属于中考、高考科目等原因,与环境教育相关的设备、设施、实践基地等专项经费的投入普遍不足。这些都一定程度地影响了环境教育的广泛、深入和有效开展。

**五、对更好地开展中小学环境教育的思考**

针对上述问题,为了适应国际环境教育发展的新趋势,更好地推进中小学环境培育,我们认为可以开展以下几方面的探索实践:

**(一) 拓宽环境教育途径、丰富环境教育方式**

将学校作为环境教育的主渠道无可厚非,但是仅仅依靠学校教育这一单一的途径是远远不够的。若要全社会都关心和支持环境教育,主动践行绿色健康的生活方式,还需要构建学校、家庭、社会三位一体的环境教育共同体,共同参与和担当起环境教育的责任。例如,社会各方可以从舆论导向、专业支持、经费投入、场所开放等方面支援环境教育;家庭教育中将环境教育作为重要内容,鼓励家长和孩子共同完成环境保护任务、共同践行绿色环保行为等,这不仅有利于提升环境教育的实效,同时也能带动家庭成员环境意识的形成。

目前,多学科渗透和综合实践活动是我国中小学开展环境教育的主要方式,独立设课模式也在逐步推广。但从发达国家走过的环境教育历程中,我们可以发现,无论是独立模式还是渗透模式都各有利弊。因此,学校在开展环境教育时,可以根据自身的实际条件和学生的学习需求,在整体设计和建构包含环境教育目标、内容等要素的育人体系基础上,依托课程这一重要载体,借助现代信息技术,整合不同的实施方式,课内外、校内外、线上线下相结合,灵活机动地开展环境教育。

**(二) 建立全面科学的环境教育评价体系**

评价对于教育而言,具有导向、诊断、鉴别、激励等作用,具有不可或缺的重要意义,因此建立全面科学的环境教育评价体系至关重要。我们可以根据教育部2003年颁布的《中小学环境教育实施指南(试行)》中对环境教育评价的相关要求,出台指导建立评价指标体系和实施办法的权威性意见,供各级各类教育主管部门和学校研究细化,形成可操作的方案。此外,还应该建立专业机构对学校环境教育的实施情况进行评价督导,同时也能指导学校相关自评工作的有效开展。

（三）着力建设专业的环境教育教师队伍

学校是进行环境教育的主要场所,需要一支高质量的教师队伍来承担这一重要任务。环境教育与实际生活紧密相连,本身还具有跨学科特点,能够帮助学生建立书本知识和实际生活的联系,统整不同学科知识去解决实际问题。因此,从事环境教育的教师不仅需要具备坚实的专业素养,还要能融会贯通各学科与环境教育之间的关系,这就对环境教育教师的培养提出了很高的要求。首先,师范类院校需要加大力度培养能从事环境教育的专业人才。其次,有针对性地对现有兼职教师提供岗前培训和在职进修机会,以弥补他们专业素质上的不足。再次,打通环境教育等特色领域教师的持续发展通道,让这一岗位具备应有的吸引力。最后,给予学校引进的环境教育教师编制、待遇等方面的政策支持和保障。

国际环境教育历经了50多年的发展历程,对人类正确认识人与生存环境的关系、理性选择发展模式、大力实施生态保护、合理利用资源等都起到了积极的促进作用,推动着人类社会走向健康和可持续发展。但在全球范围内,由于受到经济发展水平的不均衡、社会文化背景的差异、教育价值取向的不同等诸多因素的影响,各国、各地区对环境教育的认识和发展状态也各有不同。因此,无论从全球还是从中国的实际来看,环境教育越来越与关注人类可持续发展的教育紧密结合起来。我国环境教育的发展前景,取决于教育工作者是否能够充分认识环境教育的重要意义,在实践中不断总结与反思,探索出一条具有中国特色的环境教育新模式,找到契合中国国情的环境教育的发展道路。

# 第二章 "大环境"视域中的"环境素养培育"及其教育价值

## 第一节 环境与学校教育

1970年在美国内华达洲召开的环境教育国际工作会议将环境教育定义为:"是一个认识价值,弄清概念的过程,其目的是发展一定的技能和态度。对理解和鉴别人类、文化和生物物理环境之间的相互作用来说,这些技能和态度是必不可少的手段。环境教育还促使人们对环境质量问题做出决策、对本身的行为准则做出自我的约定。"[①]

我国《大百科全书》环境科学分册则将环境教育定义为:"借助于教育手段使人们认识环境,了解环境问题,获得治理环境污染和防止新的环境问题产生的知识和技能,并在人与环境的关系上树立正确的态度,以便通过社会成员的共同努力保护环境"。

通过上述环境教育的基本定义可以看出,所谓环境教育,其终极目的是使受教育者认识自然环境与社会人文环境之间不可切分的紧密关系,并且通过科学、合理的方式来优化自然环境和社会人文环境,更好地保障人类的生存和可持续发展。

从教育的视角来看,环境教育不可能成为一种单一的学科教育或技能教育,而是一种综合教育,指向的是全人教育。它需要通过全学科的加入,采取理论知识学习与课外实践体验相结合等综合性的教育模式来实施,成为提升学生

---

① 李久生,谢志仁.从新课程改革看环境教育[J].当代教育科学,2003(21).

综合素质的重要的、不可或缺的教育资源。这需要首先厘清教育与环境之间的关系。我校多年对"环境素养培育"特色教育的研究和实践过程,也是不断反思、探讨教育与环境、人的发展与环境之间关系的过程。

## 一、自然环境与教育之间的关系

自然环境对教育的影响主要体现在自然环境深刻影响着,在某种意义上甚至是决定着教育的内容、形式、深度和广度,同时也为教育的发展提供物质资料。

教育对自然环境的直接影响主要集中于学校系统教育物质设施的空间布局上。随着现代教育的不断发展,教育技术的日益普及以及远程教育的壮大勃兴,学校的教育设施也一并得到了大规模的发展,占据了更多的空间布局,已然成为庞大的社会系统工程之一。因此,如何深入认识与利用自然生态的环境条件,从教育视域出发去选择、审视,适度地进行加工和改造自然环境,使之与学生发展和谐共生,对环境教育理念的贯彻实施就有着十分重要的意义。

教育对自然生态环境还具有间接性的影响,主要体现在培养和提高学生的基本素质上,即根据社会发展对人才的需求标准来培养和提高学生的相关品格和能力,再通过所培养的人才参与社会生产等实践活动来推动经济社会的发展进步,完成对自然环境的现实改造,实现教育对环境的间接影响。教育对自然环境的间接影响还表现为通过教育向人类传递关于自然和社会的价值观念、情感态度和知识技能,促使人德、智、体、美、劳等诸方面的全面和谐发展,具备高品质生存发展所需的道德伦理、知识结构、审美情趣、健康身心和劳动技能,养成科学的思维方式,能系统、全面地认识自然环境生态的力量,正确处理与自然环境的关系,从而形成人与自然和谐共生的良好生态。

## 二、社会环境与教育之间的关系

作为人类生存及活动范围内社会物质和精神条件的总和,社会环境对人的成长和发展起着非常重要的作用。在中外教育史上,很多关于社会环境严重影响着人的发展的观点,例如,我国战国时期的思想家、教育家荀子就指出:"蓬生麻中,不扶自直;白沙在涅,与之俱黑。故君子居必择乡,游必就士,所以防邪僻而就中正也。"与荀子同时期的孟子之母,为了孩子的健康成长而不惜"三迁",都说明了社会环境对教育的巨大影响。美国著名教育学家杜威认为:"环境的无意识影响难以捉摸而又无处不在,影响着性格和心理的每一根纤维。环境能通过个体的种种活动,塑造个人行为智力的和情感的倾向。这些活动能唤起和强化某些冲动并具有某种目标和承担某种后果;社会环境无意识地、不设任何目的地发挥着教育和塑造的影响。"[1]

我国经过40年改革开放的飞速发展,整个社会处于转型和重构之中,各种价值观念激烈冲突,各种思潮良莠不齐,文化视觉化、传播网络化,让青少年置身于绚烂夺目的社会万象中,往往无所适从。这就使社会环境对青少年成长的影响成为教育理论和实践研究日益关注的重要问题。作为基层教育工作者,在日常教育中我们经常遇到的一个难题,是所谓的教育有效性的"5<2"现象,即学校教育5天的影响力抵不上社会环境2天的影响。社会环境的高度复杂和多种诱惑,剧烈冲击了学校教育所传递的价值体系,因此我们必须高度重视和积极参与社会环境的改善。因为良好的社会环境有助于学生形成积极正向的社会认知和行为方式,而不良的社会环境会严重影响学生正确"三观"的养成,容易把意志薄弱者引入歧途。

此外,社会是一个由人组成的大家庭,对中学生而言,社会环境中的人际环境对他们人生态度的形成起着尤为重要的作用。所谓人际环境,是指影响人际关系的社会环境,即影响人与人交往的各种外部社会条件或社会因素。社会成员之间平等友爱、和谐共生、协同发展的良好人际环境有助于中学生的身心健康发展。学校作为社会环境系统中的一种特殊环境,其内容经过一定的滤清和优化,其形式经过组织化与条理化,在很大程度上打破了广义的社会环境所具有的庞杂无序和良莠不齐的现状。因此,如何让学生在尚未进

---

[1] [美]约翰·杜威.民主主义与教育[M].王承绪,译.北京:人民教育出版社,2003.

入社会的未成年阶段,形成正确的人生观、价值观和世界观,具备必备的人际交往能力,掌握正确的为人处世的原则,将极大程度地影响他们未来的职业发展和生活品质。作为社会的缩影,如何在校园中营造良好的师生关系、生生关系,同时培养学生正确处理纷繁复杂的人际关系的能力,是学校教育的重要任务之一。

### 三、心理环境与教育之间的关系

多年来,我国的教育变革与发展已经在各方面取得成效,并且逐步重视学生的心理环境建设。心理环境对于当今中学生而言,重要且关键。中学生正处青春期,对物质需求的追求、同伴认可的需要和自我价值的肯定,使得中学生在该阶段极易遭遇同一性混乱的状况。由于不清楚个人目标、价值观以及个人的学习和生活责任,导致他们的心理环境动荡且多变,容易受到学校环境中同龄人的看法与同伴价值取向的左右。同时,家长和教师的意见,社会环境中各种信息和思想都会对中学生价值观塑造带来一些影响。

心理环境并非是单一的心理状态,而是与外部环境、人际交往、时代背景和个人性格特征等因素相互作用,相互影响。因此,学生所处的外在环境也会因为心理环境的变化而重新构建。心理环境的变化和构建具有系统性和成长性,结合社会环境与时代因素,通过有计划、有步骤、稳定、持续地教育对学生的心理环境施加外部影响,能够促进良好心理环境的逐步建构、不断完善和有序发展。中学阶段的学生开始具有较高的自我意识,他们所面临的学业压力、人际交往困惑以及与师长意见的交锋,是一种心理环境的解构与构建过程。教育以经验、经历与知识为学生建构规范与价值观基础,学生成长过程中的行为变化与交流模式同样为教育变革与形式提供参考。这种教育中双方的共情、价值观的碰撞也因此而具有重大意义。

学校作为教育的主体,应该选择科学的教育内容,以有效的教育方式,帮助学生学会沟通和自我调控,树立正确的人生观、价值观、世界观和积极、正向的理想信念。此外,作为学生身心发展的共同引导者,家庭、学校和社会应该就如何引导学生构建积极的心理环境,树立正确的观念,形成合力,共同关注学生心理发展的生态环境建设,克服亲源性、师源性心理问题和社会不良因素对中学生心理健康的影响。

## 第二节 "大环境"视域中的"环境素养培育"

### 一、"大环境"视域中的环境素养

综合上述思考,结合多年的实践经验,我们认为,培育环境素养应基于时代发展和全球化背景,充分考虑人类与其生存的自然环境、社会人文环境以及自身心理环境之间的紧密依存关系。因此,环境的内涵就不能仅限于"自然环境",还应该包括人自身生存发展所处的社会环境以及与其息息相关的心理环境。

为此,我们提出了"大环境"育人理念,从世界观和方法论的视角,面向学生未来的可持续发展,来培育他们与自然环境、社会人文环境以及人自身心理环境和谐共生、协同发展的意识观念、情感态度、能力行为等可持续发展所必备的环境素养,彰显新时代立德树人的价值导向。

在以往的教育中,我们通常是从理想化、同一化的角度出发去思考学生的发展路径,往往会脱离现实的环境生态。然而每个人的发展却是离不开他所赖以生存的环境的。"大环境"育人理念便是立足于时代发展、社会发展和学生发展的现实需求,对传统意义上环境教育的内涵所进行的丰富和深化。在"大环境"育人理念下培育环境素养,能更好地培养学生高品质生存和可持续发展所必备的环境素养。

### 二、"大环境"视域中"环境素养培育"的内涵

遵循"大环境"育人理念,我校对环境素养做出了校本化的界定,即人们通过学习和实践体验而获得并形成的关于人与自然环境、社会人文环境以及人自身心理环境和谐共生、协同发展的观念、态度、知识、技能、行为的总和。其主要内涵包括:和谐共生、协同发展的观念意识;尊重包容、珍爱负责的情感态度;正确认识和处理环境问题的能力;自力自律、绿色健康的

生活方式。涵盖认知与观念、情感与态度、思维与方法、实践与行为4个领域。它们之间的逻辑关系为:环境认知与观念是环境素养的思想基础和认知表现,环境情感与态度体现了人类的环境情感和价值取向,环境思维与方法是运用环境知识确定和解决周围地区及全球环境问题的能力,环境实践与行为是环境意识和情感的外化表现。所以,我校环境素养内涵的4个领域紧密相连,综合地展现出一个人的环境素养水平和付诸实践的能力,具有自然性与社会性相统一、时代性与发展性相统一、自觉性与调节性相统一的特征。

"大环境"育人价值导向的"环境素养培育"实际上是通过回归人自身生存的环境生态来关注人的发展,既充分体现了"以学生发展为本"的教育理念,又是落实这一理念的重要抓手。

在实践中我们发现环境素养还具有两个显著的特点:

第一,环境素养是知、意、行的高度统一,不仅包含了所应具备的环境知识与信息、情感与态度等方面的内隐品质,还体现为自觉的环境保护习惯与能力等外在行为,即所谓"内化于心,外化于行"。

第二,环境素养是动态的、发展之中的,不仅要关注学生现有的品行素养,还要鼓励学生在今后成长过程中持续丰富和发展自身环境素养,更主动、更自觉地与环境友好相处,成为具有责任担当意识、环境保护能力,能主动践行绿色生活方式,懂自律、能力行的现代公民。

因此,"环境素养培育"需要分层递进地开展,要求受教育者先从有关环境基础知识的掌握开始,进而内化为受教育者的环境意识(动机、兴趣、情感、价值观等),最终外化为绿色健康的行为方式。要做到理论与实践的高度统一,既需要掌握相关知识,包括环境科学前沿知识的不断学习更新,更需要在生活中将这些知识化为具体的实践体验。对学校而言,要从确立育人目标、课程建设、教师队伍建设、评价体系建设、社会资源开发等多方面着手,构建综合的"环境素养培育"体系,系统性地培育和提升学生的环境素养。

### 三、"大环境"视域中的"环境素养培育"是完善人的系统工程

"环境素养培育"是一项影响人、塑造人、完善人的系统工程。作为基础教育工作者,不仅要选择"教什么"的内容问题、"怎么教"的方法问题,还要思考"为什么教"的教育哲学问题。我校在"环境素养培育"特色教育的实践中,将这3个问题与英国学者卢卡斯于20世纪70年代提出的环境教育模式结合起来,凝练出对"环境素养培育"的共识。

第一,"环境素养培育"是"关于环境的教育"。"关于环境的教育"就是要把握"教什么"的问题。我们围绕环境教育所涉及的知识领域,引导学生了解和掌握关于环境的系统知识和信息,同时理解环境与人类的复杂关系,即不能孤立地理解环境,就环境论环境,而要将环境看成是一个完整的系统,系统内的各组成部分之间具有密切的相互关联性。因此,从这个意义上说,"关于环境的教育"实际上是"关于环境系统的教育"。

第二,"环境素养培育"是"在环境中,通过环境的教育"。这就是"怎么教"的问题,是从教育目标角度明确地指向教育的情境、过程和方法,以学生在环境系统中的亲身体验作为"环境素养培育"的基本出发点,把"环境素养培育"与学生的生活相联系,通过学生的亲身体验去认识和学会正确处理人与自然、人与社会、人与自身的纷繁复杂的关系。"在环境中,通过环境的教育",使学生充分而有效地获得对环境系统的知识、技能、情感、态度、价值观等。

第三,"环境素养培育"是"为了环境、为了发展的教育"。教育的价值是什么?一是促进个体发展,二是推动社会发展。开展"环境素养培育"同样也要解决这两项教育哲学问题。一是因为"环境素养培育"涉及价值、态度和行为,蕴含了伦理道德元素,所以要通过"环境素养培育"鼓励学生探索和解决所面临的各种环境问题,培养关于环境系统的各种情感、态度、价值,并从中获得各种环境知识和技能,形成保护和改善环境的思维方式和行为方式,明白人类在环境系统中必须承担相应的伦理道德责任,最终使学生成为具有社会生存能力、绿色生活方式和高度社会责任感的现代公

民。二是通过在社会系统运转中的价值产出直接推动社会环境的优化,创造可持续发展的环境。此外,"环境素养培育"通过宣传教育等手段,不断传承和创新环境文化,有利于形成并保持良好的社会舆论导向,直接或间接地推动社会的可持续发展。

第四,"环境素养培育"是中国学生发展核心素养校本"落地"的重要载体。"环境素养培育"的目标、内容包含了学生全面发展所必备的对社会和自然的责任担当、人文底蕴、科学精神、心理和谐、绿色健康生活、自主力行、实践创新等方面的培育内容,而这些与中国学生发展核心素养要求高度契合。因此,我校的"环境素养培育"对于促进学生发展核心素养形成的校本"落地"有着重要作用。

"大环境"育人价值导向的"环境素养培育"是我校在长期的环境教育实践中,通过深入理解环境所蕴含的丰富内涵,逐渐形成的、能有效培育学生可持续发展必备素养的特色育人载体。随着实践探索的进一步开展,我们越来越认识到,立足于"大环境"培育环境素养对一个人终身发展的重要意义。因此,我们认为,学校作为"环境素养培育"的主体,应该不断探索和研究其育人价值,充分发掘和利用其育人功能。

## 第三节　环境素养是先进的世界观

世界观是人们对整个世界以及人与世界关系的总体看法和根本观点。世界观是建立在人们对自然、社会和人生的科学和系统认知基础上的,包括自然观、社会观、人生观、价值观等。积极世界观的形成不仅需要对世界的认识,还需要基于认识而建立坚定的信念和采取适切的行动。

在快速全球化的社会中,随着环境问题和环境问题产生的原因及解决方案所引发的冲突不断加剧,是否具有认识、分析、解决环境问题的能力成为环境素养的重要标志之一,因为具备这种能力的人往往能够从更深层次上理解复杂的环境问题。美国田纳西大学地理和环境教育中心主任 Rosalyn McKeown-Ice 教授在《环境素养》一文中提出了这样的观点:"一个真正具有环境素养的人应该拥有以下7个特征:对自然和社会的敏感性、了解有关自然界的知识、了解人与人之间是如何相互影响的、了解人和自然环境之间是如何相互作用的、了解环境问题、拥有分析环境问题的技能、在日常生活中采用对环境负责任的生活方式。"他所论述的环境素养虽然更多描述的是人与自然之间的关系,但这种对待自然世界的认识、态度、行为反映了一种优秀的世界观[①]。

"大环境"视域中"环境素养"认知与观念领域的内涵"培育和谐共生、协同发展的意识观念",指的是人与"大环境"(自然环境、社会环境以及深受自然环境、社会环境影响,与其息息相关的人自身的心理环境)和谐共生、协同发展的意识观念。其背后蕴含的是中国传统文化和人类命运共同体建设理念相融合的多元文化观、天人合一观和民族共生观,着眼于人类未来,培育有利于可持续发展的自然观、社会观、人生观和价值观,其本质是一种先进世界观的体现。

鉴于我校所提出的是"大环境"视域中的环境素养,不仅涉及人与自然环境之间的关系,还涉及人与社会人文环境以及自身心理环境之间的关系,因此,有必要对上述观点作校本化解读。我们认为,要具备"大环境"视域中的环境素养,应该满足6方面的要求:

其一,应具备对生存环境的敏感性。明白自己与他人需要、与周边的一切友好相处,相互依存,才能健康和谐地生存和发展。面对自然、社会以及自我,懂得应该主动担当应有的责任,尽一切努力去维系和创造良好的氛围。还能够充分尊重和理解不同人群在感知和评价周边环境时态度、方式、方法上的差异,并适时地接纳或调适自身态度和共处策略。

其二,应懂得通过学习去认识和理解周边环境(自然环境、社会人文环境以及人自身的心理环境)的运行法则。例如,通过学习自然科学,能了解自然环境的形成和演变历程,了解自然环境运行失序的征兆和信号,指导采取什么行动进行有效的干预;通过学习政治、历史、地理等社会科学,懂得人与人之间相互作用和影响的条件、规则、策略等基本要素,完善对周边自然环境、社会人文环

---

① 黄东蛟.环境素养——一种优秀世界观的反映[J].环境教育,2002(6).

境以及人自身心理环境的认识，从而懂得如何自我管理，如何更好地开展生活和生产活动，如何和他人和谐共处等。

其三，应懂得人与周边环境是如何相互影响的。通过有意识的学校教育、家庭教育和长期的实践体验与经验积累，掌握相关科学知识和事实依据，理解人与环境是相互影响、相互制约，又相互依存、相互促进的共生共长、协同发展的和谐关系，认识到处理好人与他人、社会、自然的关系以及自我内心世界和谐健康的重要性，并及早培养处理这方面问题的能力。

其四，能主动关心并理解环境问题，包括生活中各种环境问题的产生原因、造成的影响、可能的解决方法，充分理解有些问题产生的复杂背景和解决的困难程度。能够以客观积极的态度对待各种社会问题、自然问题以及自我的心理问题，同时能够理解、包容、悦纳和尊重由于不同文化和发展层次所造成的问题和差异性。

其五，具有发现、分析和解决环境问题的能力。国家环保总局宣教中心黄东蛟博士提出了帮助学生分析环境的13个问题①，我们基于这些问题，结合本校"环境素养培育"的实际需要进行了调整，归纳出8个方面的内容，用于帮助学生判断是否具备这些能力，并引导他们分析环境问题和形成解决方案。

①产生该环境问题原因是什么？（例如，自然、社会文化或经济方面的原因）②该环境问题的具体情况如何？（例如，发生时间、地理位置、社会背景、所造成的影响等）③该问题对于自然环境、社会人文环境以及人自我心理环境的主要风险和可能产生的主要结果是什么？④目前解决该问题的方案和具体实施计划是什么？⑤解决该问题的主要困难、障碍是什么？⑥解决该问题的方案对社会公众会产生哪些不利的影响或需要付出什么代价？⑦该环境问题与其他环境问题是如何相互影响的？⑧在实际生活中，你能采取哪些行动或措施来减少环境问题的产生？

其六，还需要具备将环境素养在日常生活中外化为自觉践行健康生活方式的能力。表现为在日常生活中不管是在什么场合，都能自觉地采取和履行对环

---

① 黄东蛟.环境素养——一种优秀世界观的反映[J].环境教育,2002(6).

境负责任的生活态度和生活方式,并且能主动用自己的言行去影响和规劝周围的人也尝试和持续践行这种绿色健康的行动。

## 第四节 环境素养是积极友善的情感态度

态度是个体对人、观念、情感或某个事件等特定对象所持有的稳定的心理倾向。这种心理倾向蕴含着个体对特定对象的主观评价以及由此所产生的行为倾向性。环境素养中所蕴含的态度,从某种角度来说更反映了社会个体的人生态度——因为社会群体中的个人具有高度的社会属性,其对环境的情感态度既来源于环境,又作用于环境。

基于此,我校"大环境"视域中"环境素养"情感与态度领域的内涵"尊重包容、珍爱负责的情感态度",倡导和培育的正是一种积极健康的人生态度,具体而言,就是指要悦纳自身的优势和不足,珍爱自己的生命,学会宁静致远;对他人要尊重理解,宽容友爱,合作乐群;对社会要感恩、兼容、尽责、担当;对自然要敬畏、顺应、善待、共生。开展"环境素养的培育"旨在帮助学生树立起与周边环境和谐共生、协同发展的意识观念,形成对环境尊重包容、珍爱负责的积极情感和人生态度。

根据美国测验学会(ASTM)使用的特尔斐技术(The Delphi Technique),我们可以对环境素养定义的形成过程及其发展阶段作如下表述:ASTM 认为环境素养为一个连续体(Continuum),一个人的环境素养,无论是认知、技能、情意还是行为,都可分为由零到很高的程度,环境素养程度的高低最好从可观察的行为来确定[1]。表 2-1 所描述的特征体现了一个人的环境素养在情感态度这一要素上由低到高的 3 个水平。

---

[1] Roth C.E, Towards shaping environmental literacy for a sustainable future[J]. ASTM Standardization News 1992. (April)42-45.

表2-1 ASTM对环境素养情感要素3个发展阶段的解释①

| 第一阶段 | 第二阶段 | 第三阶段 |
| --- | --- | --- |
| （1）对自然和社会的欣赏<br>（2）对自然与社会的敏感性和同情心<br>（3）具有关于自然与社会冲突的基本观点 | （1）关心社会与环境<br>（2）有辨认和选择与环境问题有关价值观的意愿<br>（3）具有内控力<br>（4）对公众和私有的财产一视同仁<br>（5）具有情感管理的意念 | （1）具有对整体环境的知觉和敏感<br>（2）主动参与环境的改造与保护<br>（3）强烈的内控力<br>（4）具有个人责任感：承认个人行为对环境的影响，接受个人对此影响的责任，愿意协助进行补救或避免负面影响的产生<br>（5）平等付出对自然与人类的爱心<br>（6）具有个人环境伦理<br>（7）尊重人类观念、学习形态及价值系统 |

从表2-1可以看到，环境素养情感要素的3个发展阶段较全面地涵盖了认知、情感、行为意向等方面。展现出了一个由个别到整体、由具象到抽象、由感性到理性的发展过程。可见，人生态度的组成和形成并非单一的、一蹴而就的，而是一套有机结合、循序渐进的系统。

我校"环境素养培育"内涵的形成和提炼过程，在很大程度上展现了人生态度在形成和发展过程中环境所起到的影响和滋养作用，主要体现在以下3个方面：

第一，植根于"和谐"这一中国传统文化。和谐共生是中国传统文化的人文精髓和道德核心之一，被赋予了极其丰富的价值内涵，不仅是天地万物运行的源泉和动力所在，也是圣贤广为推崇的修身之道。我校素来以中华优秀传统文化为根基，以"天人合一""海纳百川"等中华传统"和谐文化"为内核，将环境素养从对己、对人、对自然、对社会4个维度进行解读，明确我校学生应该培养怎样的情感态度，并通过这种情感态度的建立与周围环境产生链接，深刻认识我们生存的世界是一个相互依存、相互支撑的有机整体，从而认识到正确处理与自然环境、社会人文环境以及自身心理环境之间关系，树立尊重包容、珍爱负责的积极情感和人生态度的重要意义。

第二，彰显当代社会主义核心价值观。个体的情感与态度要与社会的主流价值和态度相一致。作为学校，更应该深刻理解培育和践行社会主义核心价值观对于促进学生的全面发展、引领社会全面进步所具有重要的现实意义和深远

---

① 曾昭鹏：环境素养的理论与测评研究[D].南京师范大学，2004.

的历史意义。我校"大环境"育人价值导向的"环境素养培育"理念和内涵正是顺应了社会主义核心价值观的要求,充分体现了社会主义国家、社会制度和公民道德价值取向,为学生砥砺品格、磨炼意志、树立正确的理想信念和道德情操确立了更具体、全面的目标。

第三,契合学校办学理念,传承学校文化。我校"环境素养培育"所蕴含的积极人生态度源于对学校文化传统的传承与发展。作为一所具有悠久的爱国华侨子弟教育传统的中学,我校在建校之初就提出"爱国·敬业·乐群"的校训,多年来的办学历程凝练出"含德之厚·报国之诚"的赤子文化和高度的社会责任感。在赤子文化的感召下,对国家竭诚尽力,对社会尽责担当,对他人友爱、包容,成为我校最根本的人生态度和价值导向,深刻影响了一代代曹杨人。基于赤子文化,20世纪90年代,我校提出了"责任与自主"的办学理念,并逐步具体为"担当责任·自主力行",要求每位"曹杨人"必须具有人与社会环境、人与自然环境以及深受自然环境、社会环境影响,与其息息相关的人与自我的心理环境和谐共生、协同发展的责任意识和担当精神。每一位"曹杨人"都应该做到在社会责任感的驱动下,实现独立思考、主动探究、知行合一、环境友好、绿色践行。如今"担当责任·自主力行"已经成为"曹杨人"人生态度和价值追求。我校"环境素养"所蕴含的这种人生态度传承自学校文化,同时也进一步丰富了办学理念的内涵。

"环境素养培育"不仅仅是关于环境领域知识和技能的教育,还是帮助中学生形成积极、友善的人生态度的极为重要的教育途径。对在崇尚物质享受的消费文化中成长起来的中学生来说,正确人生态度的培育已经成为非常紧迫的教育课题。作为拥有"赤子"文化传统和"担当责任·自主力行"办学理念的学校,我们深知培养学生积极人生态度的重要性,也深刻地认识到了寻找校本化、特色化育人载体更有利于立德树人根本任务的有效落实。"环境素养培育"是在长期的教育实践中形成的校本化特色育人载体,其重要的育人功能之一,便是促进学生在与环境互动的学习体验中树立健康友善、责任担当的情感态度。

## 第五节　环境素养是环境友好的综合能力

环境友好是社会环境发展的理想目标。环境友好型社会是一种人与自然、社会以及自我和谐共生、协同发展的社会形态,其核心内涵是人类的生产、消费等生存发展需求与环境生态系统的协调而可持续发展。

环境问题是影响环境友好型社会形成和发展的首要问题。狭义而言,环境问题一般是指由于人类活动作用于周围环境而引起的自然环境质量下降或生态失调,以及这种变化反过来对人类的生产和生活产生不利影响的现象。从广义来说,还包括人与自然、人与社会相互作用过程中所产生的社会和心理的环境问题。要解决环境问题,打造友好的环境,就必须要提高社会公民正确处理环境问题的综合能力。

我校"大环境"视域中"环境素养"思维与方法领域的内涵"正确认识和处理环境问题的能力",即运用一定的环境知识来判断和解决人与周边社会人文环境、自然环境以及人自身的心理环境之间纷繁复杂的关系及由此产生的各种问题的能力,这是环境友好综合能力的具体体现。主要表现在以下几个方面:

第一,判断和确定环境问题的能力。只有正确地判断并确定现实中的各种环境问题,才有可能进一步思考和寻求如何解决这些环境问题的办法,这是解决所有环境问题技能的基础。我校的"环境素养培育"特色系列课程设置了"环境问题观察"课程。在实施中,老师会带领学生走出教室,带着问题观察周边的环境,例如,小河边有没有听到蛙声或发现蛙类活动的痕迹,小河堤坝的高度和蛙类活动情况之间有没有关联等。再引导学生结合所学知识,分析和判断人类活动是否影响了其他生物的生态环境,可以采取什么方法来解决这些问题。通过这种走进自然、走进生活的方式,让学生掌握辨别环境问题的知识和方法,形成认识和判断环境的敏锐感,激发他们进一步关注和探究环境问题的兴趣和动力。

第二,科学分析环境问题的能力。若要有效地解决环境问题,仅仅只是靠识别环境还远远不够,还需要能够科学地运用相关知识分析环境问题的起因、实质以及所产生的后果。我校自新生入校开始,有意识地培养学生分析问题的能力,引导学生自主学习、自主探究,鼓励他们养成独立思考和分析问题的习惯,并应用到环境问题上。指导他们针对身边的环境问题开展实地调查、搜集相关资料、运用所学知识进行信息分析、形成合理的解释并概括总结。为了提高他们的逻辑思维和分析问题能力,我校聘请了高校、科研机构和企业的专家指导学生进行环境课题研究,举办跨校的联合课题研究和学生论坛,从理论高度上培养学生科学系统地分析环境问题的能力。

第三,设计解决环境问题方案及有效实施的能力。这是在掌握前两种技能的基础上需要进一步提高的能力。我校在"环境素养培育"中,注重引导学生将头脑中一些零散的设想转变为连贯而切合实际的解决方案。通过课程学习、项目实践等途径,有意识、有计划地培养学生设计解决环境问题方案及其有效实施的能力。例如,分层、分类设计了系统化的"环境素养培育"特色课程群供学生自主选择,让学生在系统的学习探究和实践体验中,发现问题,科学分析,理性思考,提出比较成熟的解决环境问题的方案,并有效地付诸实践。

我校积极开展"大环境"育人价值导向的"环境素养培育"特色教育,在奠定正确人生观和价值观的基础上,高度重视培养学生认识、分析、处理自然环境、社会人文环境以及人自身心理环境相关问题的各种可持续发展必备素养。比传统的环境教育,我校对处理问题的综合实践能力有着更高的要求,同时还充分关注环境素养相关要求内化后的外显行为方式,以促进学生健康绿色生活方式的养成。这种意义上的"环境素养培育",其目标无疑是指向了学生环境友好的综合能力提升。

## 第六节 环境素养是绿色健康的生活方式

"环境素养培育"的重要目标之一,是帮助受教育者养成践行绿色健康的生活方式。所谓绿色健康的生活方式,是指在与自然、社会以及人自身心理环境和谐共生、协同发展理念的导引下,自觉践行勤俭节约、绿色低碳等文明健康的生活方式,在充分享受绿色发展所带来的便利和舒适的同时,履行应尽的社会责任。

我校"大环境"视域中"环境素养"在实践与行为领域的内涵"践行自立自律、绿色健康的生活方式",是指在日常的生活点滴中,能自觉践行绿色环保、健康自律的生活方式,并能主动影响他人积极践行绿色生活方式。

"环境素养培育"的成效最终应该体现在行为上。对于环境素养行为要素的3个发展阶段的特征,美国测验学会(ASTM)进行了比较详细的描述(见表2-2):

表2-2 ASTM对环境素养行为要素三个发展阶段的解释①

| 第一阶段 | 第二阶段 | 第三阶段 |
| --- | --- | --- |
| 显示出下列行为:<br>(1) 在家庭及社会活动中能维持环境质量<br>(2) 具有对环境问题的反应和应对能力 | 能以个别或团体方式采取下列环境行动:<br>(1) 提出诉求<br>(2) 保护消费者权益<br>(3) 政治行动<br>(4) 法律行动<br>(5) 生态管理 | 在环境问题的解决过程中起领导作用并有下列表现:<br>(1) 对生活和环境质量进行评估<br>(2) 具有交流沟通能力<br>(3) 能维持生物与社会多样性<br>(4) 持续检验文化价值观<br>(5) 基于仁慈、公正、智慧、合作和同情进行决策 |

从表2-2可以看出,中学生环境素养的行为要求更多是处于第一个阶段,即在学校、家庭、社会生活中,能够在行为上对环境问题做出"自理自律、主动参与、宣传维护"等积极的反应。这是环境素养的培育过程中,学生们通过掌握环境知识,培养环境技能,形成环境情感,树立和谐共生、协同发展的意识观念后应有的外显行为特征,为进一步养成绿色健康生活方式奠定了基础。我校所倡导的"自立自律、健康绿色生活方式"包括四方面内涵,即自理、自律的个人生活,自治、自主的校园生活,自珍、自效的家庭生活和自立、担当的社会参与。通过"环境素养培育"有目的、有计划的教育活动来帮助学生养成这样生活方式。

在自立、自律的个人生活方面,要求学生通过自我约束、自我监督、自我评价和自我矫正,培养自主规划、自主管理、自主发展的能力,成为善学习、做好人、会生活的可持续发展的人。这需要学校教育有意识、有步骤地帮助学生达成这一目标。我校主要是通过3个途径来实施的:一是转变教育理念。在教育过程中将对学生的管理让位于学生的自我管理,让教师成为学生成长的引导者和帮助者,而不是直接的管理者。教师的责任更多的是倡导积极的价值取向、

---

① 曾昭鹏:环境素养的理论与测评研究[D].南京师范大学,2004.

创设健康和谐的成长环境、开展自我管理的指导等,促进学生在自我约束、自主管理和自我激励中健康而全面地发展。二是提高学生的认识水平。通过价值引领、主题教育、实践体验等,帮助学生认识自立自律对人的成长发展的重要意义,确立积极、健康的伦理道德标准,自省、慎独的思想意识和严以律己的个人行为准则。三是确定自我成长目标。结合我校"环境·心理类"课程中"生涯发展规划"特色课程,指导和帮助学生进行自主设计、自我规划,确立自我发展方向和成长目标,以目标的激励来激发学生自我约束、自我管理的动力。四是建立自我评价机制。将自我评价引入对学生的各类评价机制当中,让学生在参与评价中强化自律意识。

在自治自主的校园生活方面,我们要求学生参与学校的各项管理工作,让他们在参与体验中培养自主管理的能力。从某种意义上说,学校是净化过的微缩社会,占有了学生生活的大部分时光,是培养学生良好生活方式的有利场所。当然,首要是通过营造良好的校园生活环境,来发挥导向、规范、激励、调适和辐射作用。我校的做法是传承和弘扬"含德之厚·报国之诚"的赤子文化和"担当责任·自主力行"办学理念,创设"责任担当"的校园"文化场",通过无处不在的文化熏陶和价值引领,让"责任·自主"成为"曹杨人"的文化符号和品质特征,为培养学生自治自主能力打下良好、坚实的思想基础。二是在"环境素养培育"特色课程中设置丰富的自主管理课程,开设了"学习方法指导""科学方法指导""科学思维培养""意志力培养""校园自主管理""规划制订指导""发展潜力测评"等课程,营造自主探究、自主发展、团结协作的学习生活氛围,培养学生自我设计、自主管理、自主发展的意识和能力。三是开展自治自主的校园行动。在校园中有学生干部组成的自主管理委员会负责学生学习和校园生活中的各类事务;有以班级为单位,每个学生都参与的责任区管理工作,负责责任区内的绿化养护、文化小品维护、清洁卫生等工作;有20多个学生自主管理的社团,组织有兴趣和特长的学生开展各种体验探究活动。这些学生自主开展和管理运行的校园活动有效地培养了学生的责任担当意识和自主力行能力。

在自珍、自效的家庭生活和自立、担当的社会参与方面,我们要求学生身体力行地践行绿色健康的生活方式,并尽可能影响身边的人。校园教育空间有限,仅仅依靠学校教育来提升学生的环境素养是远不够的。我校根据陶行知先生的"生活教育理论",提出"生活即教育,社会即学校,教学做合一"的教育模式,提倡学生承担家庭责任、融入社区生活、强化社会担当,在参与多元情境下的社会实践活动中接受最真实的教育。为此,我校注重与社区及周边单位联系,整合教育资源,增强教育合力,开展了相关主题教育和实践活动,引领学生走进社区、家庭,通过实地观察、采访、调查等,发现环境问题,提出改进建议、采取力所能及的行动。例如,针对居民区夜晚照明问题,连续七届学生接力为居民安装自己研发的太阳能门牌灯;"小河长"认真履行职责,利用所学的环境知识和技能对学校周边河流进行检测,对河流两岸生活用水排放情况进行监督等。我校还定期组织学生参与社区的护绿、保洁、环境观察等实践体验活动。此外,充分挖掘和发挥社会资源的教育价值,与高校、研究机构、社会机构、企业等建立共建合作机制,为学生提供更丰富的自主探究和实践体验平台,让学生在践行中提升和谐共生的环境意识、巩固绿色健康的生活方式。

马克思在《关于费尔巴哈的提纲》中指出:"有一种唯物主义学说,认为人是环境和教育的产物,因而,认为改变了的人是另一种环境和改变了的教育的产物。——这种学说忘记了:环境正是由人来改变的,而教育者本人一定是受教育的。""改变和人的活动的一致,只能被看作是并合理地理解为革命的实践。"[1]马克思的阐述深刻揭示了人与环境的辩证关系和实践活动对人的发展的决定性作用,也因此证明了在学生的"环境素养培育"过程中,自主探究、实践体验的活动具有非常重要的教育作用。

我校一直致力于探索一条既符合国际环境教育发展方向,又满足学生和时代发展需求,还符合办学传统和特色发展要求的特色育人之路。"大环境"育人价值导向的"环境素养培育"不是局限在知识教育的框架内,而是拓展到学生的价值观念、人生态度、综合能力、生活方式等各个方面,关注学生的三观养成、关注学生的能力培养、关注学生的健康成长,为学生的可持续发展和高品质生存

---

[1] 中共中央马克思恩格斯列宁斯大林著作编译局.马克思恩格斯文集(第一卷)[M].北京:人民教育出版社,2009.

打好坚实的基础,因此,不仅是我校文化传承和特色发展途径的必然选择和社会主义生态文明建设精神在学校教育中的具体体现,还是党和国家立德树人根本任务的校本化落实,更是面向学生未来可持续发展的教育。

# 第三章 "环境素养培育"的现实需要和实践基础

## 第一节 我国中小学环境教育的基本要求

近年来,随着我国对生态文明建设的日趋重视,在环境保护的诸种措施中,教育成为最为本质也最为关键的一部分,环境教育的重要地位在学校教育中进一步凸显,对学生环境素养的培育和提升被作为环境教育的基本要求。实际上早在2001年,教育部颁布的《基础教育课程改革纲要(试行)》中就要求在基础教育新课程的各相关学科内容的设计中渗透环境教育,同时将环境教育作为一个跨学科主题纳入中小学综合实践活动课程。2003年,国家教育部颁发了《中小学环境教育实施指南(试行)》(以下简称《指南》),指出"加强中小学环境教育是贯彻落实我国环境保护基本国策,提高全民族环境意识和科学文化素质的奠基工程,也是我国培养21世纪现代公民,实施可持续发展战略,建设社会主义现代化强国的一项根本性的措施"。分别就环境教育的"目标、学习内容和实施建议"等方面提出指导性意见。由此可见,我国早已从法规制定、政策落实和计划设置等多方面,为中小学通过环境教育提升学生环境素养提供了充足的政策依据。

### 一、环境教育的目标聚焦环境素养

《指南》明确指出,"环境教育的目标是为了引导学生关注家庭、社区、国家和全球面临的环境问题,正确认识个人、社会和自然之间相互依存的关系;帮助学生获得人与环境和谐相处所需要的知识和技能,养成有益于环境的情感、态度和价值观;鼓励学生积极参与面向可持续发展的决策与行动,成为有社会实践能力和责任感的公民"。同时从"知识与能力""过程与方法""情感、态度与价值观"3个维度对目标进行了具体描述,强调意识与情感相连、技能与理论并举、认知与行动并重,同时指向学生与个人、社会、自然之间的互动关系。可见,环境教育的根本目标旨在最大限度地提升学生的环境意识、情感、态度、知识、技能、行为等综合素养,即环境素养。提高学生环境素养是达成环境教育目标的关键。

学生的环境素养是其综合素质的重要组成部分,环境素养的提升需要借助社会、学校、家庭等多方面力量。学校教育与其他社会和家庭教育的不同之处在于,它是对受教育者开展系统的教育活动、对受教育者施加教育影响的专门组织机构,具有高度的目的性、计划性和组织性。因此,学校作为提升社会成员环境素养的重要教育机构,应该将培育环境素养作为教育的重要内容和和实施素质教育的重要载体,培养学生可持续发展的必备素养。

## 二、环境教育的内容体现综合性

在学习内容上,环境教育兼有自然科学与人文社会科学的内涵。《指南》要求围绕环境教育3个目标维度,根据综合性主题内容开展相关教育活动,例如在"知识与能力"维度上,以"自然生态""社会生活""经济与技术""参与与决策"等方面来开展环境教育活动。同时,建议教师依据实际情况对环境教育相关内容和教学活动进行选择或改编,使之适合本地条件和学生需要;以学生感兴趣的方式引导他们发现生活中的环境问题,鼓励他们运用所学知识做出分析和判断,进而采取负责任的行动等。

此外,《指南》还要求对各学科内容进行统整,建议将中学现行基础型课程中的语文、数学、英语、物理、化学、历史、地理、政治、美术等各学科知识和技能统整起来,解决环境教育问题。这就为激发学生跨学科整合知识提供了一个很好载体。同时,在实践中解决环境问题,也为学生灵活应用课堂内学习的各科知识和技能提供了鲜活的生活情景,有助于学生学以致用,实现知行合一。

跨学科统整恰好是目前中小学教学中的难点。受限于当下的课程教学模式,各学科之间相对独立,缺少关联,这导致学科教师在教学时缺乏知识整合的全局意识和能力，各学科之间必须开展的沟通和联动难以实施，各学科的潜在教育价值无法得到充分挖掘，也限制了学生开展跨学科研究的视野与能力，无法通过跨学科学习开阔自己的学习思路和研究视野。而环境教育内容与实际生活紧密相连，所涉及的问题需要通过整合各学科知识来解决，这就为跨学科统整提供了很好的载体，为知识的融会贯通、灵活运用创造了条件。

### 三、环境教育的过程关注实践性

《指南》前言部分明确指出："环境教育是学校教育的重要组成部分，在引导学生全面看待环境问题，培养他们的社会责任感和解决实际问题的能力，提高环境素养等方面有着不可替代的作用。""环境教育强调贴近学生生活和社会实际，鼓励亲身体验。它的实施为培养学生的创新精神和实践能力提供了很好的机遇。"

因此，环境教育具有明显的实践性特征，在学习过程中帮助学生从不同的视角去全面了解环境系统，理解社会环境与生态环境及其内部各组成要素之间的密切联系和相互作用，注重让学生通过亲身体验去发现和关注环境问题，在解决现实环境问题的过程中发展创新能力和批判反思能力，在参与中增进交流与理解，形成正确的环境价值观。可见，环境教育能促进学生社会实践能力的发展，形成与环境和谐相处的健康生活习惯，增强积极参与有关环境和可持续发展决策与行动的意识。

环境教育强调学生学习的自主性，要求教师必须转变对师生角色关系的传统认识，将自主探究和行动研究作为环境教育的重要实施方式，要求引导学生从"习以为常"中发现问题，从"可解决的问题"做起，对真实的环境问题或学生所关心的环境问题进行探究，培养学生环境责任感和解决问题的方法与能力。

综上所述，环境教育的目标是培育学生环境素养，与学科教育相比，重要区别在于，环境教育具有很强的综合性和实践性。环境是丰富的、多元的、动态的，而目前的学科教育往往相对单一、静态。这就要求教育工作者转变观念、主动探究，根据学生学习需求整合教学内容，创造适合他们的教育方式，有目的、有计划地设计并实施一系列具有较高操作性的课程及综合实践活动，丰富和完善环境教育的内涵,有效培养和提升学生的环境素养。

## 第二节 对学生进行正确价值观引领的需要

教育的根本是为了立德树人。立德树人是一项复杂的系统工程,也是学校办学的根本任务。在倡导可持续发展的今天,开展"环境素养培育"的最终目的是为了人类更好地生存、繁衍与发展。从这种意义上来说,其本身就蕴含着价值层面的含义,尤其是现代世界愈加复杂的变化,各种政治、经济、文化力量此消彼长,对学生产生的影响深刻而巨大。而且这种影响的传播速度因为互联网而得到了几何倍数的增长,往往超出了学校教育的控制范围。在这种情况下,价值观教育显得更加迫切而重要。

"大环境"育人价值导向的"环境素养培育"与社会主义核心价值观教育密切相关,其所蕴含的丰富育人内涵可以转化成现实的教育力量。具体来说,我校"环境素养培育"的育人价值在特色教育实践中具体体现在以下6个方面:

### 一、唤醒学生对环境生态的伦理道德良知

"环境素养培育"能让学生通过探究学习和实践体验,深刻认识和理解我们赖以生存的环境生态因人类活动所遭受的破坏已直接威胁到人类的安全,对人类生存和发展的造成了严重的危害;深刻认识和理解任何生命都有生存的权利,地球上不能只剩下人类这一单一物种;深刻认识和理解当代人对后代人应有的责任,不能只享受当下,无节制地开发和使用自然资源,不顾及子孙后代的生存空间。从而唤醒对环境生态的敏锐感和责任感,树立起对环境生态伦理的良知和共存共生、协同发展的意识与情感。

这样的价值导向是可持续性发展教育的核心所在;这种意识观念、情感态度、伦理道德的养成,能促进学生学会明德守礼、关爱他人,主动回应时代发展对公民所应具备的基本素质要求。

### 二、激发学生对社会责任的担当精神

"环境素养培育"与生活紧密联系,注重实践体验,要求学生摆脱传统书斋

问学的模式,走出教室,走进生活,在探究实践中了解社会、思考人生,激发对社会的责任担当精神。引导学生学会关心、学会负责。学会关心,是帮助学生既要学会关心自然,理解"地球村"的含义,把保护人类赖以生存的自然环境的相关知识转化为实际行动,还要学会关心他人,关心社会,关心自身的心理健康,让学生懂得人类的生存环境不仅涉及自然环境,还包括社会人文环境以及自身的心理环境,只有学会与"大环境"和谐共生、协同共进,才能得到健康而又可持续的发展。学会负责,不仅要引导学生培养"道德意识",即尊重环境以及社会交往中的规范和秩序,使自己的言行符合环境伦理和社会公德;同时,也要具有"担当精神",即愿意担当应尽的义务和责任,处理好社会利益、长远利益与个人利益、短期利益之间的关系,为自然、社会、他人做出贡献。

### 三、培养学生主动参与社会的意识和能力

"环境素养培育"通过让学生学习环境保护的知识、技能,参加实践体验和课题探究,能有效激发内在兴趣和参与热情,培养良好的生态道德行为。让学生在参与中既保持个体独立性,又增强团队合作交往的意识;既学会自我管理、自我评价,主动调整参与的方式和程度更好地融入集体、融入社会,又学会客观公正地评价他人的行为和贡献,养成善于听取和吸收不同意见、悦纳和欣赏他人长处的优良品质。通过参与社会实践活动,学生的社会参与意识、表达交流能力、应变能力、处理问题能力等会显著增强,原本一些所谓"宝宝病"和孩子气也不知不觉间会得到明显的改善。

多年的实践表明,"环境素养培育"有效培养了学生的社会参与意识和处理问题的能力,激发了他们从自身做起,从现在做起,养成绿色健康的行为习惯和生活方式的内在意愿和行为自觉。

### 四、激活学生的审美感知和爱的情感

在"环境素养培育"过程中,学生是以实践者的身份在真正意义上走进自然、亲近环境,这就使得他们进入了一个鲜活灵动、丰富多彩的自然环境和社会生活之中。这里不仅蕴含着大量美的元素,更让学生们通过对自然界的美、生

活中的美、心灵世界的美等直接触碰,学会感知美、理解美,能够欣赏美、尝试创造美,进而焕发出爱的情感。这种爱的情感是从心里生长出来的,这种生长需要通过潜移默化和润物无声的方式来加以引导,让学生在日常生活中、在与环境的接触中激发起内心的灵性种子,调动想象,产生联想,结合所学,升级认知,从而对生活产生热爱,对自然、对他人产生关怀,对艺术产生美感,逐渐养成正确的审美意识,并以美引真,激活思维,以美导善,怡情养性。

**五、养成学生的法治意识和自律精神**

"环境素养培育"从某种意义上说也是一种环境法治教育。因为,树立环境法治意识是实现环境法治的首要条件,也是"环境素养培育"中德育规范的价值表现。在这之前,我们较多地讨论了环境教育的道德功能、伦理功能以及审美功能,而较少触及"环境素养培育"的规范功能。事实上,当今德育工作在这部分是比较薄弱的,我们往往重视引导学生对道德伦理的认知,而忽略道德品行基本规范的养成;往往重视引导学生对社会伦理的关注,但忽略对自我行为的审视和自律;往往重视鼓励学生对人际互动的参与,但忽略人际交往中基本法则的遵循。这会导致学生理论认知有余,行为落实不足,不能真正理解和内化社会道德规范、政策法规的内涵和意义,也难以将道德法规转化为自觉的意识和行为。然而未来社会的健康和谐发展,一个重要的前提和原则恰恰是对于规则的充分尊重和自主践行。而通过"环境素养培育"特色教育载体,能有效引导学生牢固树立环境法治观念、环境权利意识、平等意识和自律精神,并主动在日常生活中自觉践行,这也正是德育工作的目的和价值所在。

可见,"环境素养培育"对于当下中小学教育有着十分重要而显见的补充、延伸作用。"环境素养培育"对责任担当、多元包容等积极正向价值观的引领,环境生态意识、审美情趣等美好情感态度的唤醒,环保节约、律己守则等绿色健康生活方式的养成等方面都有独特的作用和显著的成效,有利于规避传统教育某种程度上的偏分数、轻能力,偏智力、轻德育,偏知识、轻实践的弊端,弥补学科教育的抽象化、单一化,让学生视野开阔、志存高远而又知行合一、脚踏实地,形成更宏大的格局,培育更宽广的胸怀。

## 第三节　推进特色普通高中多样化发展的需要

　　国家与上海中长期教育改革和发展规划纲要都曾明确指出,普通高中要多样化、特色化发展。2014年6月,上海市教育委员会制定了《上海市推进特色普通高中建设实施方案(试行)》(以下简称《方案》),旨在促进普通高中的多样化、特色化发展,主动适应上海城市功能定位、社会和地域经济发展以及学生个性化发展的需求。《方案》要求普通高中贯彻"为每个学生提供适合的教育理念,根据自身办学基础和学生实际情况,以深化课程教学改革为主要抓手,着力构建富有特色的学校课程体系以及相应的运行和管理机制,促进学生全面而有个性的发展"。

　　根据《方案》的建设原则,我们认识到,特色普通高中首先是能够主动适应社会、经济和学生发展的需求,遵循校本化、成长性和稳定性的原则,具有稳定而独特办学内涵和风格的普通高中学校,而非专业教育学校。坚持以促进每一位学生发展为导向,既关注学生的个性化和多元化需求,又关注教育的普适性和普惠性。在办学思想、育人目标、课程建设、教学过程、师资队伍、教学资源等诸多方面都显示出较为鲜明的特征和特质。

　　为此,我校立足本校传统文化、资源优势,关注时代和学生的发展需求,遵循特色的校本化、成长性和稳定性原则,确立"环境素养培育"为特色发展定位,并使之成为贯彻学校办学理念和实现培养目标的重要载体,有效促进学校的特色化建设。其意义和作用主要体现在以下3方面:

### 一、"环境素养培育"彰显了办学的"校本"特色

　　开展"环境素养培育"除了顺应社会发展的现实需求外,更是立足自身办学传统、文化积淀、师生特点以及办学资源等多种综合因素下所做出的一个重要选择。我校的"环境素养培育"充分发扬了已有的学校传统文化和特长优势,并在实践中逐步丰富和发展起来,探索出与之相配套的育人体系、特色课程系统、特色课程实施策略和方式、管理运作模式、队伍培养机制、教育资源整合、育人

环境创设等,彰显出符合学校传统文化,适应学生成长、教师提升、学校发展的特殊品质。因此,成为全校师生广泛认同的学校特色。

**二、"环境素养培育"满足了学生的多样化发展需求**

我校是在"大环境"育人理念下,立足于学生生存发展的环境生态开展"环境素养培育",因此,在实施的过程中充分关注学生发展的普适性和普惠性要求,兼顾多样性和差异性的需要。无论是"全面+特长"的育人体系设计、还是分层分类的特色课程设计与实施、学生个体的发展追踪评价体系建构,都指向学生的多元化、个性化发展需求。此外"环境素养培育"特色课程学习的背后涉及能源、水、大气、政治、经济、历史、哲学等各领域的知识与技能,而这些领域背后又有各学科知识的支撑,难度水平也可以从浅尝辄止到深入探究,对学科教育是有效的补充和拓展,这也为学生的学习体验提供了广阔的选择空间。

**三、"环境素养培育"促进了学校的特色发展**

一所学校要可持续发展,就要走特色化发展的道路,而特色发展定位需要从时代特点、政策要求和学校实际情况出发,并在实践中将特色内化为稳定的办学风格、育人风格和有特色的学校文化。我校在长期的办学实践中逐渐生长、发展而成的"环境素养培育"特色,不仅体现了我国生态文明建设的理念和新时代立德树人导向,满足社会发展和学生发展的需要,而且是对国家和上海市教育中长期发展规划纲要中对高中特色化、多样化发展精神的有效贯彻和落实。因此具有强劲的生命力和强大的育人价值,有助于推动学校特色建设更健康地可持续发展。

高中阶段是学生个性形成和自主发展的关键时期,高中的特色化和多样化有助于更好地帮助和促进学生的多元发展,也是积极回应时代快速发展对综合性、创新性人才的迫切需求。为此,我校以"环境素养培育"为特色定位,积极探索学校的特色化发展路径,力求通过实践和研究寻找到行之有效的策略和方法,满足学生和时代的发展要求,推动学校的可持续发展。

## 第四节  学校开展"环境素养培育"的实践基础

### 一、在传承发展中彰显学校特色

曹杨中学创办于1953年,为上海市政府指定招收爱国归侨子弟的学校,建校之初,就提出"爱国·精业·乐群"的校训、"严谨·精业·求实·创新"的教风和"勤奋·求实·合作·进取"的学风,凝练出"含德之厚·报国之诚"的"赤子"文化。

60多年来,曹杨中学形成了两条发展脉络(见图3-1):一是对"赤子文化"的传承与发展,对国家竭诚尽力、对社会尽责担当、对他人友爱包容,成为曹杨人的优秀品质,深深植根于"曹杨人"的基因之中,成为曹杨中学一贯的价值观教育导向。二是始终坚持学习与实践相结合、教学与生活相结合,注重构建知行合一、实践体验的教育教学模式。

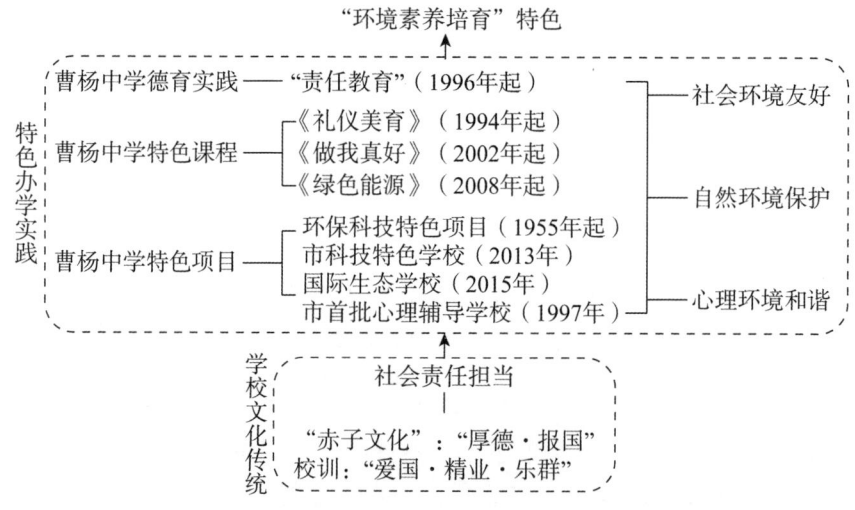

图3-1  曹杨中学"环境素养培育"特色的发展脉络

华侨子弟学校的背景与学校发展的脉络,使我校从建校起就拥有大视野、宽思路、高起点,敢于担当,勇于创新,勤于实践,注重全面育人,自主力行,努力走在教育教学改革的前沿。例如,自1954年起,就率先建立以教学为中心的课堂教学制度,开展提高课堂实效的探索实践,将苏联教育经验与本校实际相结合。1955年提出减轻学生过重课业负担,关注学生全面发展。1956年自建手工工场并与6个工厂合作,为学生提供丰富的社会实践机会。1959年学校被上海市人民政府命名为上海市首批重点中学。

为了更好地传承优秀文化传统,培养学生的责任担当意识和自主力行能力,我校以环境保护作为育人载体,逐渐发展成为具有普适性、普惠性的"环境素养培育",彰显出鲜明的办学特色。之所以选择"环境素养培育"作为特色定位,其中的原因之一就是我们认为,责任是人与周边环境中的一切事物建立起的积极、正向的联系,而环境素养是建立这种联系的必备素质,"环境素养培育"有助于促进责任担当意识更好地树立和更有效地践行。

"环境素养培育"特色教育实践的发展脉搏非常清晰:

1953年,在建校之初提出"爱国·精业·乐群"的校训,就倡导社会责任与人际和谐;

20世纪五六十年代,开展了绿色能源沼气开发利用等特色项目的探索实践,标志着"绿色"理念在校园中萌芽;

1975年,为响应国家"绿化祖国"的号召,将绿化与教学实践结合,"绿色"理念在校园渐渐生根;

1989年,以头脑OM引领的绿色科技项目群形成。从这一年起,头脑OM项目共获6次全国冠军、9次亚军,在代表中国参加世界比赛时荣获亚军。在该项目的带领下,形成了环境保护、太阳能利用等12个绿色环保科技项目群;

1990年,在我国著名动物学家周本湘教授指导下开展主题为"鸟和人类"的探究项目,进一步让全校师生充分认识到人与自然和谐共生的重要意义。从此,人与自然和谐共生的意识在校园逐渐深入人心;

1996年,提出了"责任·自主"的办学理念,开展"责任教育"德育实践,着重培养学生对自我、社会、自然的责任感和自我管理、自我设计、自主发展的意识和能力,作为重要载体的环境教育蓬勃开展;

2008年,"环境素养培育"特色开始凸显。传承建设校园"实验场"思想,因地制宜开设"绿色能源""校园植物研究""虹江河水质监测"等"环境素养培育"系列课程,培养学生的环境素养;

2012年,确立创建上海市特色高中的发展目标,"环境素养培育"课程群进一步丰富,其中,"绿色能源"课程成为区域共享课程;

2014年,制订了"'环境素养培育'特色高中创建规划",整体建构学校的特色建设,明确特色发展路径和实施项目。"绿色能源""水技术与环保""校园植物研究"三门课程成为区域共享课程;

2015年,成为上海市特色高中创建项目学校,继续以"环境素养培育"特色为载体,积极培养学生"担当责任·自主力行"的核心价值与关键能力。由此可见,"环境素养培育"是对学校文化传统和特色办学实践的传承与发展;

2017年,通过上海市特色普通高中评审组评估,成为教育委员会命名的第一所上海市特色普通高中。

曹杨中学在60多年的办学过程中,通过不断地实践探索、总结反思,形成了符合教育规律且具有自身鲜明特色的办学价值取向,具体概括如下:

一是积极回应社会对教育的时代期盼。经过多年的教育教学实践,我们逐渐认识到我校开展的"环境素养教育"特色教育不仅仅是对应环境问题的教育,或者是一次自身办学实践的探索尝试,从根本上说它是与可持续发展教育相融合的。因此,我校"环境素养培育"的目标聚焦于社会和个体对可持续发展的高度关注,明确倡导人与社会、人与自然的和谐相处,倡导责任担当、创新力行,而这些都是回应了社会发展对教育的时代期盼,符合社会在新阶段中对中小学基础教育的现实要求。

二是努力践行以生为本的育人理念。我校历来将教育视为对生命的涵养,致力于培养学生在未来社会的生存和可持续发展能力。"环境素养培育"是从育人生态的角度来审视现代人应该具备的具有时代特征的素质,有助于促进责任担当意识更好地树立和更有效地践行。过去的教育在思考学生的发展路径时,通常是以理想化、同一化的角度出发,没有把他们的发展放到现实环境生态中去考虑,这就导致了学校教育和现实发展的必然脱节,然而,事实上每个人的发展都是离不开他所生存的环境的。所以,"环境素养培育"实际上是通过回归人自身生存的环境生态来关注人的发展,从本质上来培育人与自然、人与社会、人与自我之间如何和谐共生、协同发展的意识和能力。因此,这既是充分体现了"以人为本"的教育理念,也是落实这一理念的重要抓手。

三是坚持走特色化发展的道路。根据学校积淀多年的文化传统、已有的办学实践基础和学生实际情况,我校确定了"环境素养培育"作为办学特色,努力整合教育资源,重视顶层设计,架构了"环境素养培育"的特色课程体系及其相应的实施运行和管理机制,为学生发展提供丰富的教育选择,为教师业务提升提供扎实的个人事业保障,引导两者共同创建学校特色。

"环境素养培育"不是一件舶来品,而是从60多年来的办学历程中萃取、凝炼出来的一份教育宝藏。她植根于学校文化传统,立足于长期的办学实践,着眼于立德树人和学生的终身可持续发展。多年的办学实践证明,通过"环境素养培育",我校的学生更具有家国情怀、责任担当、谦逊包容、和谐共生的意识和态度,更具有学以致用、知行合一、自主力行的能力,更能够自觉主动地践行绿色健康的生活方式。因此,我们认为,这一特色发展定位是有根可循、有本可依、有景可期的。

**二、在实践研究中发展办学特色**

秉承"传承+创新"和"普通+特色"的特色发展理念,曹杨中学在传承原有办学传统和文化的基础上,根据新的历史时期社会对教育的要求,特别是国家和上海市教育中长期发展规划纲要中关于高中学校多样化、特色化发展的要求,不断丰富我校环境教育传统项目的内涵,历经3个阶段的实践研究,从点上的环保项目发展为面上的环境教育,最后形成了"大环境"育人价值导向下,面向全体,具有普适性与普惠性的"环境素养培育",彰显出鲜明的办学特色,使学校成为上海市第一所特色普通高中。

第一阶段:确立"环境素养培育"为特色育人载体

在实践中,发现传统的环保教育对全面育人尚有局限,结合国家和时代发展对人才培养的要求,基于人自身发展的环境生态,提出"大环境"(自然环境、社会人文环境以及人自身的心理环境)育人理念,将环保教育发展为具有普适性、普惠性的"环境素养培育"。通过多年的实践,逐渐成为我校的特色育人载体。

第二阶段:整体构建和有效实施"环境素养培育"特色课程系统

为有效开展"环境素养培育",我校聚焦课程这一重要的育人载体,将原有分散单一的环境特色课程统整为系列化的"3+2"特色课程群,经过5届师生的实践检验,构建起由课程目标、内容、实施、管理、资源、评价6个子系统构成的特色课程系统。

在课程实施上,通过特色课程嵌入式、特色目标渗透式、特色内容与学科内容糅合成新教育主题式的"三式"策略和特色课程与基础型课程(国家课程)有机结合、与拓展型课程广泛整合、与研究型课程深度融合的"三合"途径,整体构建了凸显"环境素养培育"特色的课程体系,解决了特色课程实施与现行国家课程的"两张皮"问题。

第三阶段:架构起凸显"环境素养培育"特色的育人体系

在总结第一、第二阶段实践与研究经验的基础上,我校依据育人目标和"环境素养培育"的目标,以国家课程、"环境素养培育"课程、校园育人场等为载体,构建由课程教学、实践体验、环境滋养、文化熏陶等要素构成的育人体系,有效培育学生环境素养,提升学生综合素质。

由此可见,我校的"环境素养培育"是从多年来的办学实践中生长发展起来,与我校的自身特色与文化传统相一致,更是与国家生态文明的政策取向相呼应,同时也是与未来现代教育对人才的要求相契合。多年来的探索经验证明,只有扎根现实,立足传统,认清方向,对应未来,才是优质教育的立身之本,从而在根本上完善和丰富"环境素养培育"实践,适应现实需求,满足发展需要,提升师生素养,彰显办学特色。

# 第四章 "环境素养培育"特色育人体系的顶层设计

## 第一节 学校特色发展定位的设计

在之前的论述中,我们讨论了"环境素养培育"的丰富内涵和对一个人终身发展的重要意义。要充分发挥其育人价值,不仅需要得到广大师生的认同和理解,还需要具体落实到学校工作的方方面面,渗透到日常教育教学之中,并随着师生的发展、学校的发展、时代的发展不断丰富和完善。因此,将"环境素养培育"与学校办学思想、育人目标、课程建设、教学过程、师资队伍、教学资源等诸多方面结合起来,进行科学规划、合理定位和整体设计特色育人体系尤为重要。

作为一所具有65年历史的学校,我校在"环境素养培育"特色育人体系的顶层设计过程中,传承与发展并重,对学校原有的办学理念、办学思路、办学目标等进行了重新的诠释、拓展和梳理。

### 一、学校办学理念的新诠释

办学理念,指的是伴随时代进步而变化的、反映教育本质要求的、影响和决定学校整体发展的、来源于办学实践又作用于指导办学实践的理性认识和价值追求。因此,一所学校办学理念的具体表现,是关于"办怎么样的学校"和"怎样办好学校"的深层次思考的结晶。就内容而言,包括学校办学理念、教育目的理念、教师发展理念、学生发展理念、治校理念等要素。

20世纪90年代初,基于"赤子文化"和校训,曹杨中学明确提出了"责任与自主"的办学理念。在这过程中,我们没有固化办学理念,而是与时俱进,不断发展。

我们认为"责任与自主"的内涵需要随着时代的发展逐步丰富,因此,这一理念经历了4个阶段:第一阶段强调对国家、民族的责任感和自主力行意识与能力;第二阶段补充了对自身、家庭的责任感和自主力行意识与能力;第三阶段将"责任与自主"具体化为"担当责任·自主力行"的意识与能力;第四阶段则在可持续发展理念的引领下,增加了对周边环境的责任感和自主意识与能力,着力培养学生的环境素养,凸显出"环境素养培育"的内涵。通过4个阶段承先启后的发展,我校的全体师生提升了对"责任与自主"办学理念的认识,明确了目标。深刻认识到学校的发展离不开国家、社会的整体发展,个人的发展同样需要与时代的发展轨迹保持同步,"虽有智慧,不如乘势",只有勇于承担时代责任,学校的发展和个人的成长才有可能真正得到发展动力。

围绕"环境素养培育",曹杨中学对"担当责任·自主力行"的办学理念做出了进一步的诠释:响应国家关于实现"中国梦"和建设"绿色中国"的号召,在办学理念原有内涵中增加了致力于实现中华民族伟大复兴的"中国梦"的社会责任感和历史使命感,同时将"担当责任"和"自主力行"作为每位"曹杨人"必须养成的核心价值和关键能力。这一举措与我国学生发展核心素养中的"责任担当""自主发展"等素养的要求高度契合。

担当责任,指的是每一位"曹杨人"都应具有致力于实现中华民族伟大复兴的"中国梦"的社会责任感和历史使命感;具有人与社会环境、人与自然环境以及深受自然环境、社会环境影响,与其息息相关的自我心理环境,和谐共生、协同发展的责任意识和担当精神。

自主力行,指的是每一位"曹杨人"都应该在社会责任感和民族使命感的驱动下,做到独立思考、主动探究、知行合一,能自我规划、自主学习、勇于创新、主动践行绿色生活方式。

可以看出,曹杨中学的办学理念始终与整个国家、社会、时代的发展轨迹保持同步,引领全体师生树立家国情怀和担当意识,自觉践行时代赋予我们的责任。为适应新时代的发展要求,始终把握学校可持续发展的正确方向,结合"环境素养培育"特色行为,进一步丰富办学理念、拓宽办学思路、明确发展目标。

## 二、学校办学思路的新拓展

办学思路,是基于对学校文化传统、办学现状和未来发展方向的哲学思考和价值判断,所做出的尊重历史、遵循规律、追求理想的理性选择。

经过60多年的文化积累和实践探索,结合时代和学生发展需求,曹杨中学进一步明确了办学思路:传承和发扬"含德之厚·报国之诚"的曹杨赤子文化,坚持"担当责任·自主力行"的办学理念,提升内涵,兼容并重,做强特色,持续发展。具体表述为:

提升内涵,是在创建特色高中的过程中,进一步加强国家课程与特色课程的融合、师资队伍建设与社会教育资源开发、学业管理与评价的改革,以生为本,依法治校,健全完善各项管理,积极培育学校特色文化。

兼容并重,是在兼容传承与创新的基础上,做到人文素养与科技素养培养并重,国家课程实施与学校特色建设并重,校内资源与校外资源建设并重。

做强特色,是以特色高中创建为抓手,激励全校师生投入教育改革的探索与实践,营造浓厚的特色氛围,有效达成特色育人目标,成为社会各界高度认同的特色高中学校。

持续发展,是坚持学校"担当责任·自主力行"的办学理念,贴近时代发展的需求,以"环境素养培育"为特色育人载体,提升学校办学的内涵与品质,促进学校在创建特色过程中高品质的持续发展。

曹杨中学将"担当责任·自主力行"的办学理念落实在教育教学的各个方面,使得学校办学理念进一步具体化、可操作化,同时在实践过程中也将"环境素养培育"这一学校特色落在细处,有机融入学校日常教育之中。

## 三、学校办学目标的新内涵

办学目标,是一定阶段内学校发展达到的一种理想的预期状态,是办学理念的理想追求在学校发展中的具体体现。

在"担当责任·自主力行"的办学理念指导下,曹杨中学将办学目标确定为:坚持正确方向,建设充满时代气息,质量优秀,开放融合的上海市特色学校。

结合"环境素养培育"特色定位,我们对办学目标具体阐释如下:

正确方向,指的是坚持面向全体学生、立德树人、培养学生发展核心素养的办学方向。

时代气息,指的是学校瞄准上海建设国际化大都市的时代特征,在育人目标、课程结构、教育教学、教师队伍、教育资源、教学策略、学业管理、学生评价等各方面凸显"环境素养培育"特色。让每个"曹杨人"都拥有与自然环境、社会环境以及自我心理环境和谐共生、协同发展的意识和能力,在社会责任感和民族使命感的驱动下,做到独立思考、主动探究、知行合一,成为能自主学习、自我规划、健康生活,具有较深厚人文底蕴、审美情趣、科学精神的全面发展的现代公民。

质量优秀,指的是学校课程设置丰富,教育资源充分,教学水平优良,教学效果良好,学生视野开阔,知识面广,责任心强,环境素养好,具备与周边自然环境、社会环境以及人与自我心理环境的和谐共生、协同发展的意识和能力;学校办学质量社会认可度高。

开放融合,指的是学校课程开放、活动开放、资源开放、师资开放、教学组织与方式开放、学业管理与评价开放;人文教育与科技教育融合、国家课程与特色课程融合、学科间融合、理论与实践融合。在此基础上,积极探索并创建接受式与探究体验式学习相结合的教学新模式。

上述办学目标的设立,其核心宗旨是帮助我校学生成为有眼界、有担当、有责任的一代新人。长期以来学校的办学理念、办学目标往往一经设定就不改变,但教育是面向未来的事业,这就决定了学校的办学理念、办学目标必须与时俱进,努力跟上时代发展潮流,具有时代性,这样才能保证我们培养出符合时代发展需求的学生。

**四、学校育人目标的新设定**

育人目标,是学校根据社会和个体发展需求以及学校办学理念,通过施加教育影响,所培养学生的质量标准。

在以"环境素养培育"为特色定位的发展道路上,曹杨中学已经基本形成了育人目标上的共识,即通过丰富各类课程和校内外教育资源,拓宽学生对周边事物的视野和眼界,培养他们正确认识与自然环境、社会人文环境以及自身心理环境的关系,具有和谐共生、协同发展的观念意识,尊重包容、珍爱负责的情感态度,正确认识和处理环境问题的能力,自力自律、绿色健康的生活方式。

在育人体系建设方面,通过育人目标设定、课程建设、资源配置、教学实施、学业管理、综合评价等,综合提升学生的责任意识、人文素养、科技素养、创新精神与实践能力,以满足当代社会发展对人才的要求。

由此,曹杨中学将育人目标设定为:将学生培养成具有大视野、宽领域,明责任、敢担当、善思辨、会创新、懂自律、能力行,兼具深厚人文底蕴、审美情趣、科学精神的全面发展的现代公民。

## 第二节　凸显"环境素养培育"特色育人目标的设计

为了更好地贯彻国家的教育方针,每一所学校都会根据自身实际和发展目标,制订校本化的育人目标,选择个性化的实现目标的载体,走上一条适合自身的发展道路,逐渐显现出鲜明的学校特色。曹杨中学选择了"环境素养培育"作为达成学校育人目标的重要载体,而如何将载体与育人目标高度匹配也是我校一直在探索解决的先导性问题。

### 一、凸显"环境素养培育"特色育人目标的校本化阐释

结合"环境素养培育"这一重要载体的特征,我们将育人目标从认知与观念(知)、情感与态度(情)、思维与方法(意)、实践与行为(行)等各领域,从"环境素养培育"的社会人文环境、自然环境、心理环境3个维度的视角进行了具体化的阐释,以充分体现我校的办学特色(见表4-1)。

表4－1 特色育人目标的校本化阐释

| 育人目标 | 载体：环境素养培育 | | |
| --- | --- | --- | --- |
| | 社会人文环境 | 自然环境 | 心理环境 |
| 大视野、宽领域（认知与观念领域） | 具有全球意识和开放心态，了解人类文明进程和社会发展动态<br>关注人类面临的全球性挑战，理解人类命运共同体<br>理解、尊重和包容多元文化差异，善于吸纳外来优秀文化财富 | 充分认识自然对人类生存无可替代的意义<br>自觉遵循自然规律，对自然万物常怀敬畏之心<br>树立持续发展的理念 | 充分认识丰富、和谐的内心世界对社会、自然以及个人可持续发展的重要性<br>自觉经营积极、和谐，主动适应社会环境的心理环境<br>主动培养健康的审美情趣，认识美、发现美、欣赏美 |
| 明责任、敢担当（情感与态度领域） | 热爱家人，关爱他人，热心社会公益，明确公民义务，理性对待公民权益，崇尚自由平等，维护社会公平正义<br>自觉捍卫国家主权、尊严和利益，主动传播中华优秀传统文化，具有为实现中华民族伟大复兴中国梦而不懈奋斗的信念和行动 | 尊重自然，关爱自然，善待自然界各种生物，尊重物种的多样性<br>主动承担起保护环境、节约资源的各种责任<br>有坚持不懈的探索精神，不畏困难，大胆尝试，积极寻求有效的学习和问题解决方法 | 珍惜生命，悦纳自己，自信、自爱、坚韧、乐观面对任务、困难和挫折<br>不推卸、不逃避<br>有不断挑战自己的信心和担当责任的勇气 |
| 善思辨、会创新（思维与方法领域） | 独立思考，多视角辩证地分析问题，尊重事实，明辨是非，运用科学思维方法认识事物、发现问题、解决问题、规范行为<br>自主开展社科类课题研究，具备较好的信息素养，统整各学科知识，有效解决自己遇到的社会问题<br>改进和创新学习和工作方式，提高学习和工作效率 | 辩证地看待自然界的发展和生物链中各类生物的相互关联及影响<br>具有工程思维，能将创意和方案转化为有形的物品或对已有的物品进行改进和优化<br>掌握科学思维方法，有实证意识和问题意识，能理解科学技术与人类文明的有机联系，具有学习掌握科学技术的兴趣和意愿 | 正确地判断和评估自我，依据自身个性和潜质选择适合的发展方向<br>不满足于现状，具有强烈的求知欲，永葆好奇心和想象力<br>富有高雅的审美情趣，具有生成和创造美的能力，在生活中拓展和升华美，提升生活品质 |

(续表)

| 育人目标 | 载体:环境素养培育 | | |
| --- | --- | --- | --- |
| | 社会人文环境 | 自然环境 | 心理环境 |
| 懂自律、能力行（实践与行为领域） | 在家主动承担力所能及的家务劳动,孝敬父母长辈<br>在校认真学习,积极进取,尊敬师长,友爱同学<br>在社会谦和、包容,自觉遵守社会各种规则和公德,积极宣传和谐共生、协同发展的理念,自尊、自律,诚实守信 | 克制自身对物质的过度需要,不因技术的进步和生活的富裕而无休止地向自然索取<br>主动运用环境知识和技能保护、改善生存环境<br>积极传播节能环保的理念、知识和方法,更多地去影响他人 | 具有自制力,能够调适和管理自己的情绪<br>善于与他人交流沟通、合作共享,建立并保持良好的人际关系<br>自主学习、自我规划,恰当地分配和使用时间和精力,具有完成目标的持续动力 |

## 二、凸显"环境素养培育"特色育人目标的设计思路

2015年3月,国家教育部印发《教育部关于全面深化课程改革 落实立德树人根本任务的意见》(以下简称《意见》),明确提出了"核心素养体系"这一概念,并将其置于深化课程改革、落实立德树人目标的基础地位。

所谓"核心素养",指的是学生应具备的适应终身发展和社会发展需要的必备品格和关键能力。《中国学生发展核心素养》(征求意见稿)将"核心素养"的综合表现具体设定为九大素养,分别是:社会责任、国家认同、国际理解、人文底蕴、科学精神、审美情趣、学会学习、身体健康、实践创新。

曹杨中学确定"环境素养培育"为学校特色,实质就是要围绕"环境素养培育"这一主题,让新一代曹杨学子具有更加远大的理想和强烈的社会责任感,能自觉践行绿色生活方式,成为积极投身中华民族伟大复兴,实现"中国梦"的建设者与接班人。由此可见,我们着力培育的"环境素养"与《意见》文件中的"核心素养体系"在本质上是高度契合的。

在全面落实国家教育部《意见》文件精神的实践中,我们立足于学生的发展需求,以"环境素养培育"为切入点和重要载体,致力于培养学生"担当

责任·自主力行"的核心价值、必备品格和关键能力。这既是学校育人目标达成的有效途径,又是我国教育方针和学生发展核心素养的校本"落地"。我校实现特色育人目标的设计思路(见图4-1),体现了"全面+特长"的育人观。

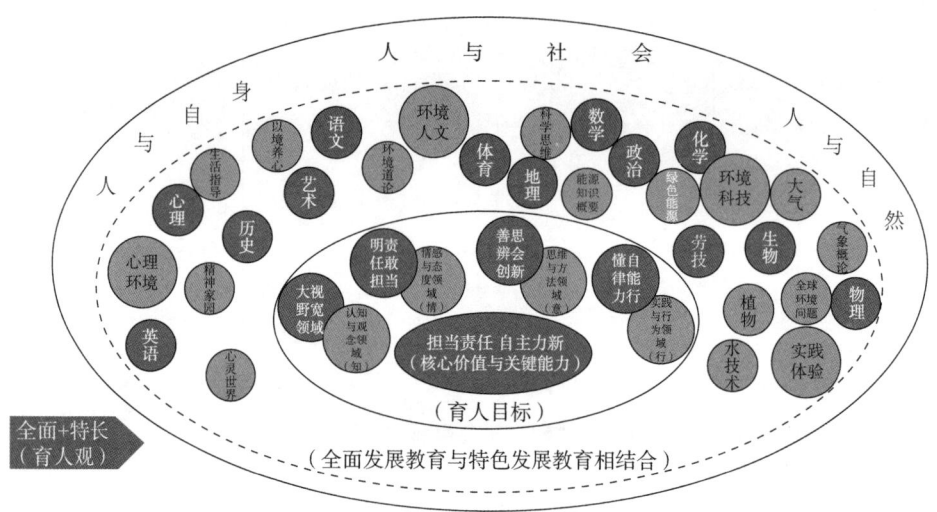

图4-1 实现"环境素养培育"特色育人目标的设计思路图

## 第三节 凸显"环境素养培育"特色的育人体系整体设计

遵循"大环境"育人理念,我校依据育人目标以及"环境素养培育"的目标,以国家课程、"环境素养培育"课程、校园育人场等为载体,涵盖学校教育的诸多方面,构建了由课程教学、实践体验、环境滋养、文化熏陶等要素构成的育人体系。将"环境素养培育"特色课程与现行高中课程高度融合,从显性课程到隐性课程、从学生价值观的引导到绿色生活方式的养成,构建凸显"环境素养培育"特色的育人体系(见图4-2),培养学生可持续发展必备的环境素养。

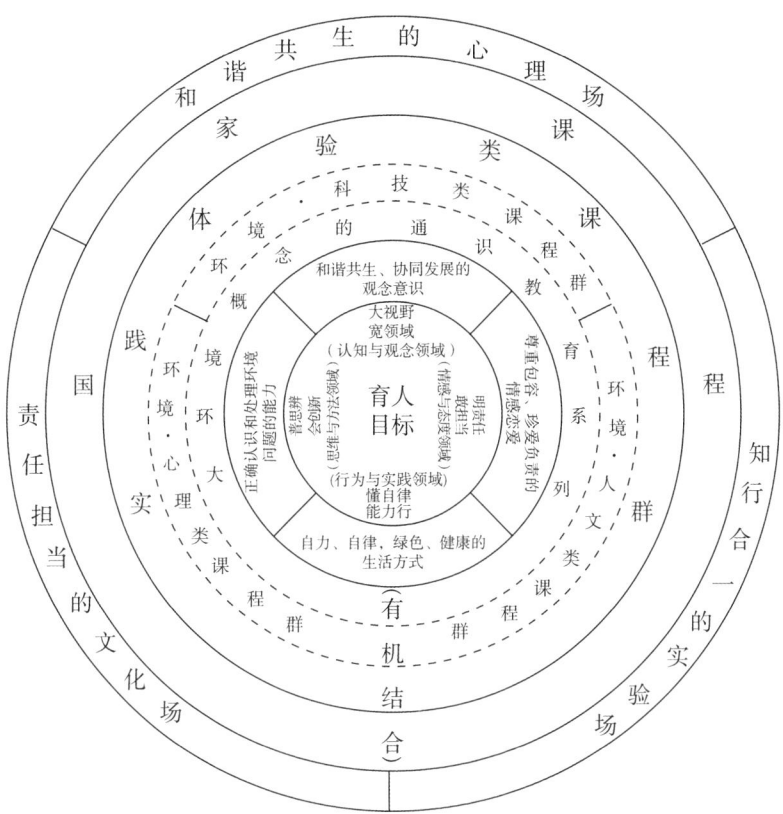

图 4-2 曹杨中学凸显"环境素养培育"特色育人体系设计思路图

## 一、对凸显"环境素养培育"特色育人体系设计的阐释

如图 4-2 所示,我们将育人目标置于育人体系的核心层,将其作为学校育人体系总体设计的核心,体现了育人目标导向,为学校改革发展提出引领性的价值导向,使全校师生紧紧围绕一个目标努力奋斗。

第二层为"环境素养培育"的目标和内涵,即和谐共生、协同发展的观念意识,注重多元文化观、天人合一观、民族共生观的培养;尊重包容、珍爱负责的情感态度,即对己:悦纳自己、珍爱生命,对人:尊重理解、宽容友爱,对社会:感恩、包容、尽责、担当,对自然:敬畏、顺应、善待、共生;正确认识和处理环境问题的能力,即注重通过多学科渗透与跨学科专题的方式来培养学生系统思考与综合思维,学习辩证方法与实证方法,提高生存能力、实践能力与创新能力;自力自律、绿色健康的生活方式,即倡导自理自律的个人生活、自治自主的校园生活、自珍自效的家庭和社区生活、有担当地参与社会。

第三、四、五层为学校"3+2"特色课程系统。学校将特色课程系统纳入实现育人目标的体系中,体现了课程作为实现育人目标基本载体的重要性,也是实现学校特色建设的基本途径。

第六层为现行国家课程。我校的"环境素养培育"特色课程与国家课程不是简单地叠加,而是有机结合。国家课程中蕴含着丰富的、与"环境素养培育"紧密相关的环境意识、环境伦理、科学思维、环境知识与技能等方面的内容,通过特色课程与基础型课程的有机结合,充分发掘出基础型课程中"环境素养培育"的内隐资源。

最外层为校园"育人场",包括"责任担当"的校园"文化场""和谐共生"的校园"心理场"、"知行合一"的校园"实验场",让学生浸润在文化熏陶、环境滋养、实践体验和人际互动之中,自主发展、健康成长。

## 二、学校特色育人体系整体设计的基本思路

整体构建凸显"环境素养培育"特色的育人体系,主要目的是为了更好地发挥其育人价值。曹杨中学特色育人体系的构建遵循了以下基本思路:

首先,目的是更有效地培养学生可持续发展的必备素养。构建凸显"环境素养培育"特色的育人体系是人、自然和社会可持续绿色发展需求日益增大的背景下培养现代公民的必要途径。通过"环境素养培育"将学生的社会责任感和历史使命感与其个人发展联系在一起,将抽象的书本知识和实际的社会生活联系在一起,使学生发展的素养培育更加系统和开放,培养出人格健全、能力综合、素养综合全面的人才,校本化落实立德树人根本任务。

其次,载体是凸显"环境素养培育"特色的学校课程体系。在教育情境中,培育学生的全面素养是知识、能力、态度或价值观等方面的高度融合,既包括问题解决、探究能力、批判性思维等"认知性素养",又包括自我管理、组织能力、人际交往等"非认知性素养"。从实施角度而言,环境素养的培育不能只适用于特定情境、特定学科或特定人群。因此,通过构建关注学生个性发展需求的、富有

"环境素养培育"特色的学校整体课程体系,并以此作为重要的载体,实现学科与学科间、教学与管理间、显性教育因素和隐性教育因素间的深度交叉与融合,尽最大可能发挥"环境素养培育"的育人效应。

再次,关键是将"环境素养培育"特色教育有机融入日常教学之中。在开展特色教育的过程中,最常见的问题是将特色教育的相关内容与现行高中课程的教学内容进行简单的叠加,造成特色教育不能与日常教育教学工作有机融合,加之学校教育有限的时间和空间局限,使特色教育不能有效地、可持续地开展。而我校通过构建凸显特色的育人体系,将"环境素养培育"的培育目标渗透于学校教育的方方面面,通过特色课程与现行高中课程的有机统整,通过各种特色教育活动开展,发挥校园特色"育人场"潜移默化的育人功能等,有效解决"两张皮"问题。比如,在自然科学的学科教学中不仅要达到基本的学科素养目标要求,而且还要达到与环境相关的人文素养、心理素质、审美情趣以及在环境保护参与过程中的团队合作学习、自主探究学习等方面的目标要求。

我们认为,一项教育实践的效果好不好,关键因素是能否科学全面地思考和整体设计。曹杨中学开展的"环境素养培育"特色教育实践,从某种程度上讲是一项创新性的探索,需要基于已有的基础条件充分关注教师与学生的发展需求,分析可能面临的各种问题,研究育人目标、课程教学、环境创设等各个环节和关键要素。在此基础上,把握正确的育人导向,科学规划、总体设计、整体构建凸显"环境素养培育"特色的育人体系,以充分发挥"环境素养培育"的育人价值,更有效地培养和提升学生的综合素质。

# 第五章 "环境素养培育"特色课程系统的整体构建

## 第一节 基于现代课程观的特色课程系统构建

课程是育人目标达成的重要载体。基于现代课程观,课程的改革和发展越来越关注人的发展需求,因为课程直接作用的对象是学生,其结果直接关系到人的培养和发展问题。因此,我们一直在思考和探索如何构建具有整体性、系统化、凸显"环境素养培育"特色的课程系统,使之既关注学生的个性化和差异性发展需求,又体现普通高中特色教育的普适性和普惠性,还能与现行高中课程系统有机统整,最大化地发挥"大环境"育人理念下"环境素养培育"的育人价值。

### 一、对课程的基本认识

对课程的概念,不同时代、不同国家、不同哲学立场的学者一直有不同的解读。我国教育学界普遍认同的对课程的定义是:课程是学校学生所应学习的学科总和及其进程和安排。广义上是指为了实现学校培养目标而规定的所有学科的总和,狭义上是指某一门学科[1]。

传统的课程观倾向于把课程定义为学校有组织、有计划实施开展的教学活动、学习计划、教学进程等。而现代课程观对课程的定义更加多元,但一个共同点是都认为课程的内涵更为丰富,外延更加宽泛,即把课程定义为一种"动态的

---

[1] 胡乐乐,肖川:再论课程的定义与内涵:从词源考古到现代释义[J].教育学报,2009(1).

学习活动",为学生在学校的帮助下获得的一切有意义的学习体验。

## 二、课程观的转型发展

在当前的教育情境中,知识经济、信息技术发展以及学生所面对现实问题的多样性为课程的改革和课程观念的更新提供了动力。普遍观点认为,课程的转型正在向以下4个趋势发展:①从静态名词意义上的课程转变为动态实施意义上的课程;②从知识本位课程转变为更注重实践体验的课程;③从预设型课程转变为更注重生成性问题的课程;④从关注教师教的课程转变为更关注学生学的课程。

我们可以看到,转型的趋势更加注重"知识"与"经验"、"内容"与"活动"、"结果"与"过程"的平衡与统合,这种变化事实上已经体现在新课改文件——现已颁布的各门学科的课程标准中,也是区别于传统教学大纲的最大的不同之处。

这种新的变化趋势,也提醒我们教育工作者必须扭转教育观念、课程观念,充分了解全球教育领域正在发生和已经发生的新变化,并积极投入到这种变化的潮流中去,重新认识课程的现代教育内涵和意义。

## 三、课程系统的构建成为必然

课程系统简言之,即为课程设置及其进程的总和。课程系统也有广义与狭义之分。狭义的课程系统特指课程结构,是各类课程之间的组织和配合。广义的课程系统则是在一定的教育价值理念指导下,将课程的各个要素加以排列组合,使各个课程要素在动态过程中统一指向课程体系目标实现的系统[①]。

课程系统的构建是否科学、合理很大程度上取决于课程内容的选择,特别是课程内容的精选、凝练与重组。只有课程内容整合得当,课程结构才会具有内在的一致性,才能最终达成课程系统的优化目标。

随着社会改革和开放程度的持续深化以及教育观念的不断转变,课程观也

---

① 崔颖.高校课程体系的构建研究[J].高教探索,2009(3).

正发生着质的飞跃。"千校一面"的人才培养模式逐渐被摒弃,学校教育越来越重视对学生的人文素养、科学精神、创新精神、实践能力等综合素质的培养。在这一转变过程中,课程结构开始从单一逐渐走向整体化,课程内容从线性模式逐渐综合化发展,课程的统整问题得到了较深入的探索和研究,出现了跨学科、跨领域统整的课程系统构建形式。由此可见,关注学生综合素质培养的课程系统化建设正是基础教育综合改革形势下的必由之路。满足学生多元需求的课程系统建设与现代科学技术发展不断分化与综合、交叉并存的趋势相契合,正在进行着有利于学生成长发展的教学内容和教学资源的整体优化。

因此,传统的课程模式已经不足以满足日新月异的教育需求,尤其是全球化时代的学生能力与综合素质提升需求。传统的课程模式必须走向更具整体性的系统化发展,针对不同学生的不同发展需求,通过各种教育资源的积累调度,最终以课程这个大平台来集中输出优质教育资源。

## 第二节 "环境素养培育"特色课程系统的整体设计

在课程改革的背景下,新课程理念已经渗透入学校课程设计和实施中。在以往的特色课程建设中,我们更多地针对某门具体的特色课程的改革和完善,即聚焦课程的内容体系、实施方式、评价方法等某些"点"上的局部建设。但随着"环境素养培育"特色教育实践和研究的深入,我们认识到,要校本化落实立德树人根本任务、达成特色育人目标、提升学生的环境素养,单靠一门课程或几门特色课程难以实现。因此,我们梳理了学校原有的特色课程门类,进一步明晰"环境素养培育"价值定位,结合学生和时代发展的需求,对"环境素养培育"特色课程系统进行了总体设计。

### 一、"环境素养培育"特色课程的发展历程

曹杨中学的"环境素养培育"特色课程的发展起源于20世纪50年代,最初是一些科技探究活动,如沼气的利用开发、火箭制作等。20世纪80年代,我们形成了以头脑OM为代表的科技项目群,其中环保项目已经开始凸显,如太阳

能车、废物循环利用等在全国乃至国际比赛中都屡获殊荣,一些人文类、心理类项目也开始发展起来。20世纪90年代,结合"责任·自主"办学理念的提出,环境教育蓬勃开展。根据学生的兴趣特长和发展需要,一批成熟的项目如礼仪美育、绿色能源成为特色课程,其中,礼仪美育教材被上海市教委选为全市选用的拓展教材公开发行,绿色能源课程多次在全区交流展示。环境科技类、环境人文类、环境心理类、实践体验类课程逐步丰富,开始形成系列。

在此基础上,我们依据育人目标和"环境素养培育"的目标,将长期形成的、分散的特色课程遵照分类分层的设计原则进行统整,形成"3+2"系列化的"环境素养培育"特色课程群,即在分类分层设置"环境·科技"类课程群、"环境·人文"类课程群和"环境·心理"类课程群的基础上,进一步设置了"大环境"概念的通识教育系列和实践体验类课程群。这样既能满足通识性的普适教育要求,又能兼顾学生个性化的兴趣发展需求。

## 二、"环境素养培育"特色课程系统的价值定位

随着社会对人才需求的变化,素质教育、创新教育、终身教育理念的不断深入,在"环境素养培育"课程系统的定位上,我们充分关注并协调社会需求的外在价值、学科知识的认知实践价值和学生发展的本体价值三者的关系,将它们辩证、有机地统一于课程系统目标的价值取向上,最终实现学生知识、能力和素质的全面发展,具体来说,"环境素养培育"课程系统的价值定位涵盖如下方面:

(一)"环境素养培育"课程系统定位于"以学生的发展为本"

"环境素养培育"课程系统目标的设定始终将"以学生的发展为本"的教育理念作为主要的理论依据,在课程系统的构建时,充分关注学生的身心发展要求和个性发展需求,分层分类地设计课程系统,以满足学生多元选择;充分尊重学生的主体性和创造性,从强调课程内容的传授转向强调学生的学习体验,设置丰富的实践体验课程,让学生在实践体验中潜能得到最大限度的激发。

(二)"环境素养培育"课程系统体现社会发展的要求

"环境素养培育"课程系统立足于人类赖以生存的"大环境"(自然环境、社

会人文环境以及人自身的心理环境),这与学生所处现实环境中的诸多因素密不可分,因此必须与时俱进,体现社会和个体发展的需求。该课程系统中的"环境·科技"类课程群、"环境·人文"类课程群、"环境·心理"类课程群以及"大环境"概念的通识教育系列和实践体验类课程群,无论是课程门类还是所设计的课程内容,都与社会经济、文化、科技等领域密切联系,充分体现了现代信息社会和经济全球化发展趋势在人才培养上的需求变化。同时,通过不断调整和严格筛选课程系统内的课程门类和内容,使之更有利于培养学生适应社会发展的综合素质和关键能力。

(三)"环境素养培育"课程系统体现科技发展的前沿方向

"环境素养培育"课程系统是在长期的教育实践中,遵循教育规律逐步建立和完善的,具有一定的历史继承性和稳定性。但是,随着现代科学技术的发展,知识的不断更新,各种学习课程资源不断丰富,知识内涵、知识功能、知识获取方式等方面都发生了很大的变化,各个学科之间已由独立分散走向多维联系,已形成了一个纵横交错、相互渗透、多层次的综合科学系统。因此,我校"环境素养培育"课程系统既具有系统性和稳定性,又具有发展性和前瞻性,始终处在动态建设之中。在密切关注科技领域,尤其是环境保护领域的最新科技发展信息的同时,我们通过对课程内容、实施方式、评价方式的动态调整和完善,确保课程系统的科学性和先进性。

### 三、"环境素养培育"特色课程系统的设计思路

"环境素养培育"特色课程系统,以培养学生环境素养为核心,涵盖教育各个方面,高度融合现行高中课程与"环境素养培育"特色课程,从显性课程到隐性课程、德育到各学科教学、学生自主学习到社会实践、从学生的价值观引导到绿色生活方式的养成等领域,努力体现人和环境和谐共处、协同发展的教育。

课程系统具有五方面特征:面向全体学生,体现普适性和普惠性;主动服务社会,增强责任担当意识;与现行高中课程有机结合、有效统整;强调跨学科整合,培养综合运用能力;注重知行合一,关注实践体验。

# 第五章 "环境素养培育"特色课程系统的整体构建

在实践中我们发现,完整的课程系统才能有效地发挥其育人效能。为此,曹杨中学特色课程的系统设计包括课程目标、内容、实施、管理、资源、评价6个子系统(见图5-1)。

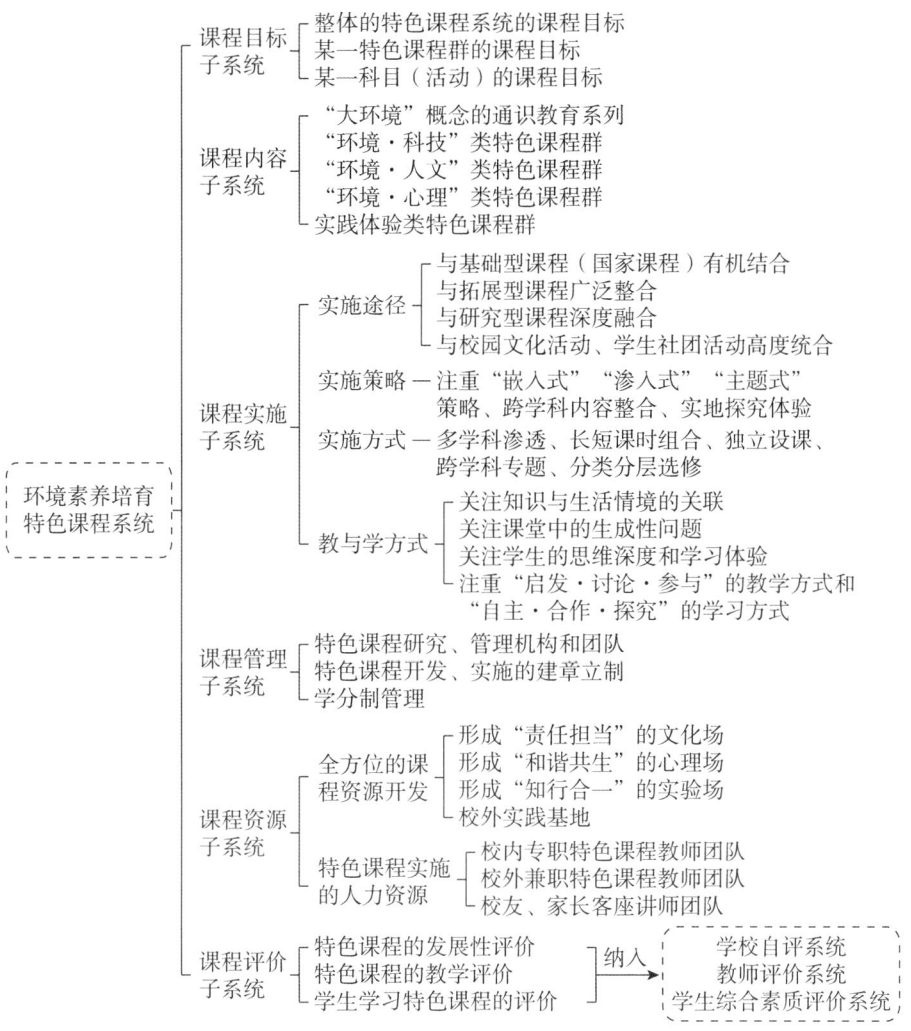

图5-1 环境素养培育特色课程系统

总而言之,"环境素养培育"特色课程系统的构建有助于实现目标指向统一性、内容涵盖多领域、实施落实多渠道、管理有序成机制、资源开发充分性、评价多元同一性,使"环境素养培育"这一特色渗透到学校教育的各个方面。

# 第三节 "环境素养培育"特色课程系统的目标设计

课程设计是指把课程各组成部分安排成一个有机的整体,主要包括四大要素:目标确定、内容选择与组织、实施策略与方式、评价方法的选用。其中对课程目标的确定非常重要,因为育人目标的达成需要通过课程来实现,而课程目标是育人目标具体落实的操作化定义,决定了课程到底想要达成什么,或到底要实现什么意图,是必须受到高度重视的方向性问题。课程系统包含了若干子系统,其中目标子系统应该由课程系统整体目标、各个课程群目标和具体课程目标三部分组成。

### 一、"环境素养培育"特色课程系统的整体目标

根据育人目标的知、情、意、行四个维度的内涵,结合"环境素养培育"的相关要素,我们将"环境素养培育"特色课程系统的整体目标设定为:

(一) 认知与观念领域——和谐共生、协同发展的意识观念

树立人与周边自然环境、社会环境以及深受自然环境、社会环境影响,与其息息相关的人与自我的心理环境和谐共生、协同发展的观念意识。关注学生多元文化观、天人合一观、民族共生观的形成。

(二) 情感与态度领域——尊重包容、珍爱负责的情感态度

培育对自身、对他人、对社会、对自然怀有尊重、包容、珍爱、负责的情感态度。做到悦纳自己、珍爱生命、宁静致远;尊重理解他人、宽容友爱,合作乐群;对社会感恩、兼容、尽责和担当;敬畏、顺应和善待自然,与自然共生。

(三) 思维与方法领域——正确认识和处理环境问题的能力

培养正确认识并正确处理人与社会、自然环境以及自我心理环境间纷繁复杂的关系及由此产生的各种问题的能力。能够系统思考,运用辩证思维、实证方法以及跨学科知识等正确认识和处理人与周边环境的关系,提高自身的生存能力、实践能力和创新能力。

(四) 行为与实践领域——自立自律、绿色健康的生活方式

养成在日常生活中,能自觉践行绿色环保、健康自律的生活方式,并能主动

引导他人认同并践行绿色的生活方式。实现个人生活的自理、自律,校园生活的自治、自主,家庭生活和社区生活的自珍、自效,在社会参与中自立、担当。

## 二、"环境素养培育"特色课程群的目标

根据"环境素养培育"特色课程系统的整体目标,结合"3+2"类特色课程群的不同特点和功能,我们分别确立了每个课程群的目标。

(一)"大环境"概念的通识教育系列课程

这类课程旨在帮助学生了解基本的"大环境"知识,培养基本的科学思维,掌握基本的科学研究方法,为进一步的特色课程学习打下基础。

(二)"环境·科技"类课程

这类课程旨在引导学生关注环境保护的热点问题、前沿信息和科技动态,培养实证意识和问题意识,掌握与环境科技相关的知识和技能,学会运用科学的思维方式妥善处理环境问题的方法、路径。

(三)"环境·人文"类课程

这类课程旨在引导学生关注人类面临的全球性挑战、理解人类命运共同体,树立与社会环境和谐共生,协同发展的意识,培养其在独立思考、辩证思维中认识事物、发现问题、解决问题、规范行为。

(四)"环境·心理"类课程

这类课程旨在让学生了解基本的心理健康常识,培养对自身、对他人、对社会、对自然怀有尊重、包容、珍爱、负责的情感态度,自觉经营积极、平和的心理环境,主动培养健康的审美情趣,发现美、认识美、欣赏美。

(五)实践体验类课程

这类课程旨在架起课堂学习与社会生活的桥梁,让学生通过实践体验将抽象的知识与具体的生活实际相关联、融合,学以致用,主动践行绿色健康的生活方式。

## 三、"环境素养培育"中具体特色课程的目标

"环境素养培育"特色课程系统由"3+2"类课程群,共计46门特色课程组

成。每门特色课程都根据系统整体目标和课程群目标,结合本课程的特点、功能确立课程目标。表5-1以"环境科技"类课程群中的"唯美校园,'维'美生命——校园植物研究之二"为例:

**表5-1 "环境科技"类课程示例**

| 序号 | 项目 | 内容 |
|---|---|---|
| 1 | 课程名称 | 唯美校园,"维"美生命——校园植物研究之二 |
| 2 | 课程价值主要取向 | 通过学习本课程,使学生学会植物学的基础知识,掌握植物研究的相关方法和技能,理解人与自然和谐共生、协同发展的重要意义,从而乐意用自己的方式去探索植物与环境间的相互关系,并通过自己的努力积极、主动地去爱护环境,践行绿色生活的理念 |
| 3 | 课程目标 | (1) 认知领域:<br>① 知道植物的主要类群、种子植物的基本结构、植物分类的等级、命名的方法等植物学的基础知识<br>② 理解植物多样性的内涵、植物与物候学的密切关系<br>③ 通过植物种群密度、植物群落的物种多样性及校园植物认知度的调查,了解调查的不同形式和过程,初步学会样本提取方法、问卷调查的方法;<br>④ 在校园植物物候观测、记录和统计的过程中初步学会物候观测的方法。<br>(2) 能力操作领域:<br>① 在设计、制作校园植物铭牌、档案和题库的过程中,培养汇总整合的能力<br>② 在培植植物的过程中,初步掌握传统与现代的植物栽培技术,培养动手能力<br>③ 通过植物简易手工制品的制作、植物组合盆栽和室内植物装饰的设计培养对美的感知能力<br>④ 在实验探究的过程中,掌握实验操作的一般技能,提升动手能力和创新思维品质<br>(3) 情意领域:<br>① 通过小组的形式共同合作学习,感受团队合作的力量,懂得尊重他人,并乐于与他人分享成功和失败的体验<br>② 通过多种形式的学习活动,激发自然智能,乐意用自己的方式去探索校园微环境,形成自主创新的意识,并通过自己的努力积极、主动地去爱护环境,践行绿色生活的理念 |

注:"唯美校园,'维'美生命"为我校校园植物特色课程系列中一门课程的名称,"'维'美生命"即为维护美好生命之意。

## 第四节 "环境素养培育"特色课程系统的内容设计

普通高中的"特色课程"是普通高中学校在先进的教育思想指导下,根据本校的办学理念,以学生的需求与发展为核心,以地域、社区与学校资源为依托,经过比较长期的课程实践,逐步形成和发展具有独特性的整体风格和出色的育人成效的课程、课程实施或课程方案[①]。发挥课程优势,建设特色课程,是推动教育教学创新、深化教学改革、提高课程教学质量的有效办法。与其他课程相比,特色课程在思想性、目标性、规范性、发展性、实效性以及社会影响性等方面具有独特优势。

曹杨中学以课程内容综合化为突破口,打破传统课程之间条块分明和各自为政的局面,进行内容的有机整合,最大限度地体现知识的整体性。对此,我们作了三方面实践探索:一是对内容重叠或密切相关的课程进行合并、重组,优化课程结构。二是进行课程统整,构建跨学科融合课程,将多学科知识融合组成新的知识,帮助学生形成独特的跨学科知识视野。三是分类分层设计,为学生提供更为丰富的选择空间。

### 一、"环境素养培育"特色课程内容的设计原则

"环境素养培育"特色课程系统是基于相关学科进行开发的,但不是将学科相关知识和有关环境知识进行简单叠加,而是根据学生的学习发展需要通过科学构架、有机统整、丰富拓展而成。在保持基础知识、基本理论的科学性的基础上,充分体现出综合性和实践性,把相关学科知识的深度和特色拓展相关内容的广度有机统合起来。设计原则体现在如下几个方面:

(一) 注重基础性,保持课程内容相对稳定

现代科学技术突飞猛进地发展,新技术、新能源、新材料的发现与创造层出不穷、日新月异,环境科学领域更是如此。但相对而言,基础知识、基本原理和

---

① 石鸥.普通高中特色课程开发研究[J].中国教育学刊,2012(12).

基本理论的发展变化并不大,仍然是高新科技发展所必备的理论基础。因此,我们将相关学科课程作为"环境素养培育"课程系统的基础课程,旨在学生参与特色课程学习的同时,牢固掌握必备的相关基础知识和基本技能,为未来发展打下坚实的理论基础和技能基础,以适应科技进步对人才知识储备和更新深化的需要。

(二)注重科学性,建立课程内容论证机制

"环境素养培育"特色课程是由教师在专家的指导下自主研发而成。为了保证课程内容的科学性,我校建立了课程内容的论证机制,聘请专家团队在课程开发的前期对课程目标和课程内容的科学性进行论证。此外,有关环境的科学技术更新迭代迅速,需要及时进行更新。因此,我校在课程实施的过程中,定期对课程内容的先进性和科学性开展评估,并根据反馈信息组织人员进行更新完善。

(三)注重综合性,强调课程内容重构统合

现代科技发展的突出特征之一是科学理论和科学技术的发展趋向综合化。单一学科知识的应用是十分有限的,而整体性、综合性的知识才具有广泛、巨大的应用价值。对"环境素养培育"特色课程而言,本身就具有跨学科的特点。因此,我们在设计特色课程内容时也充分考虑到这些因素,注重自然科学与人文社会科学的联系;在学习过程中,帮助学生从多种角度全面理解环境系统,掌握社会环境与生态环境及其内部各组成要素之间的密切联系和相互作用;在实施途径上,以跨学科的方式融入各科教学,有专设的"环境素养培育"系列拓展型与研究型课程、综合实践活动等多种途径,始终强调综合性和贯通性,努力为学生提供宽广的知识结构。

(四)注重实践性,确保课程内容联系实际

除了对必要的和前沿的理论知识进行学习,我们始终强调学生在亲身体验中去发现和创造;在解决现实环境问题的过程中发展创新能力及批判与反思能力;在参与中增进理解与交流,形成正确的环境价值观;促进学生社会实践能力的发展,形成与环境和谐相处的健康生活方式,增强积极参与有关环境和可持续发展决策与行动的意识。

## 二、"环境素养培育"特色课程的分类设计

根据不同的目标指向,我们将特色课程设置为"3+2"类课程群,即"大环境"概念的通识教育系列、"环境·科技"类课程群、"环境·人文"类课程群、"环境·心理"类课程群和实践体验类课程群(见图 5-2),共计 46 门课程,建构了相对完整的"环境素养培育"特色课程系统的内容系统(见表 5-2),供学生自主选择学习。

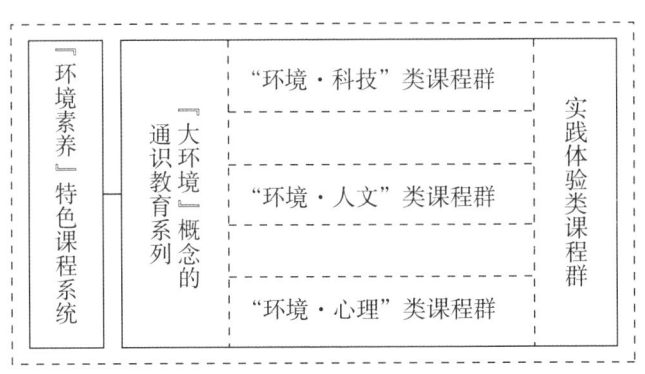

图 5-2 "环境素养培养"特色课程的分类设计

表 5-2 "环境素养培育"特色课程系统内容子系统

| "大环境"概念的通识教育系列 ||
|---|---|
| 环境通论课程 | 科学思维课程 |
| "环境素养培育"概要——环境通论系列之一 | 科学思想导引——科学思维系列课程之一 |
| 全球环境问题(互联网+课程)——环境通论系列之二 | 科学方法概述——科学思维系列课程之二 |
| 环境素养培育三类特色课程群 |||
| "环境·科技"类课程群 | "环境·人文"类课程群 | "环境·心理"类课程群 |
| 能源知识概要——绿色能源系列课程之一 | 《天人合一观通俗读本》——中国古代哲思系列之一 | 以境养心——青春系列读本之一 |
| 绿能源创新研究——绿色能源系列课程之二 | 中国传统文化解读——中国古代哲思系列之二 | 情感世界——青春系列读本之二 |

(续表)

| 环境素养培育三类特色课程群 | | |
|---|---|---|
| "环境·科技"类课程群 | "环境·人文"类课程群 | "环境·心理"类课程群 |
| 物理拓展课程——绿色能源系列课程之三 | 尚礼明德概述——尚礼明德系列读本之一 | 《心灵世界》——青春系列读本之三 |
| 基础机械课程——绿色能源系列课程之四 | 礼仪美育——尚礼明德系列读本之二 | 《精神家园》——青春系列读本之四 |
| 校园植物档案——校园植物系列研究之一 | 交往礼仪文书——尚礼明德系列读本之三 | 走进曹杨——高中学习适应性系列课程之一 |
| 唯美校园 "维"美生命——校园植物系列研究之二 | 可持续发展教育案例 | 阅读曹杨——高中学习适应性系列课程之二 |
| 水技术与环保基础综合课程——水技术与环保系列课程之一 | 和睦相处·和衷共济·和谐发展——民族团结教育系列读本之一 | 初高中衔接课程——高中学习适应性系列课程之三 |
| 人工湿地读本——水技术与环保系列课程之二 | 中国民族文化——民族团结教育系列读本之二(英文版) | 高中生职业生涯规划导航 |
| 气候与环境——气象系列课程之一 | LTCC 基于跨文化思维培育读本系列 | 中学生心理健康读本 |
| 物候——气象系列课程之二 | | 《心灵驿站》——中学生心理健康辅导读本 |
| 气象概论——气象系列课程之三 | | |
| 天气预报——气象系列课程之四 | | |
| 头脑 OM 课程 | | |
| 食育课程 | | |
| 实践体验类课程群 | | |
| 环境人文课题研究活动系列课程 | | |
| 环境心理课题研究活动系列课程 | | |

# 第五章 "环境素养培育"特色课程系统的整体构建

(续表)

| 实践体验类课程群 |
| --- |
| 实验室探究体验系列课程 |
| 夏令思维训练营体验课程 |
| 冬令科学探索营体验课程 |
| 校外场馆体验系列课程 |
| 校外拓展体验系列课程 |
| 学生自主管理系列课程 |
| 海外游学系列课程 |

(一)"大环境"概念的通识教育系列

本系列包括"环境通论系列""科学思维系列"等,共计4门特色课程。以环境通论课程系列的"互联网+"课程为例,"+"指的是我校和高校、研究机构联合进行课程开发和实施。课程分为线上和线下两个部分,目前线上已经开发了极地研究中心、同济大学联合开发的全球环境问题系列、华东师范大学的环境问题观察系列以及自主开发的慕课等课程,让学生可以利用碎片时间自主线上学习,还有专家线上互动答疑。线下课程开发了大国方略、创新中国、航空航天等课程,邀请不同领域的知名专家、学者,让学生与专家零距离交流的同时,以全球的视野看待我们的生存环境。

(二)"环境·科技"类课程

本类课程包括"绿色能源系列""校园植物系列研究""水技术与环保系列气象系列""头脑OM""食育课程"等,共计14门课程。以此类课程中的校园植物研究系列课程为例,本系列课程由"校园植物档案""唯美校园'唯'美生命"两门课程组成。这两门课程是以我校校园内的植物为研究对象,从植物常识性知识的普及学习到对不同种类植物研究项目的深入研究,让学生在开展植物研究的同时,探索植物与环境、植物与人类生活之间的关系,从而提升维护环境生态的责任意识。其中关于"唯美校园 '唯'美生命"课程的教育案例获得第二十九届上海市青少年创新大赛实践活动板块一等奖,并与"环境·科技"类课程中的"水技术与环保"系列的教育案例一并被选入中国生态环境部宣教司主持编写、中国科技出版社出版的《中学环境教育案例选编》。

（三）"环境·人文"类课程

本类课程包括"中国古代哲思系列""尚理明德系列""民族团结教育系列""LTCC基于跨文化思维培育系列""可持续发展教育"等，共计9门课程。以此类课程中的尚礼明德课程系列为例，本系列由"尚礼明德概述""礼仪美育""交往礼仪文书"3门课程组成。这3门课程以中华传统美德和礼仪文化为基础，结合现代社会人际交往特征和不同文化背景下的礼仪要求，从通适性的信息了解到深入的课题研究，从中学生生活中可触可感的道德礼仪着手结合学校日常的礼仪规范教育，让学生在实践中知礼，在生活中行礼，自觉地以礼明德、以礼修身、以礼待人、以礼处事。

（四）"环境·心理"类课程

本类课程包括"青春读本系列""高中适应性课程系列""高中生职业生涯辅导"等，共计10门课程。以此类课程中的青春课程系列为例，本系列包括"以境养心""情感世界""心灵世界""精神家园"4门课程。这4门课程遵循心理健康教学理念，聚焦中学阶段这一人生发展的关键期学生可能面对的种种情感困扰和心灵冲突，通过案例分析、心理训练等灵活多样的方式，指导和帮助学生掌握心理状态调整、情绪调节、环境适应等方法和技巧，提升心理素质和环境适应能力。

（五）实践体验类课程

本类课程包括"环境人文课题研究""环境心理课题研究系列""实验室探究体验系列""夏令思维训练营体验课程""冬季科学探究营""校外场馆体验系列课程""校外拓展体验系列课程""学生自主管理系列课程""海外游学系列课程"，共计9门课程。以此类课程中的校外拓展课程为例，我校结合现已开发的中国极地研究中心、老港垃圾处理场、崇明东滩湿地、上海市气象局、江苏常熟蒋巷村等30多个市内外实践基地设置了校外拓展课程，为学生提供实践探究的平台，让"环境素养培育"特色课程走出教室、走出学校，让学生走进社会、走进生活，从而将抽象的书本知识与具体的生活实际相结合，在丰富的体验中深刻理解和培育环境素养。

## 三、"环境素养培育"特色课程的分层设计

根据教育部《中小学环境教育实施指南(试行)》中对高中学生环境教育的相关要求,结合"环境素养培育"特色育人目标,我们将"3+2"特色课程体系设置为 A、B、C、D 四个梯度,A 层为全校普及型必修课程,B 层为兴趣拓展型课程,C 层为特长提升课程,D 层为自主创新课程。分层设计确保课程在惠及全体学生的同时,给予高兴趣度学生更为广阔的发展空间,从而满足不同层面学生的需求。通过知识普及、活动体验、技能强化、创新探究,由低向高逐渐提升的分层实施课程,从兴趣培养到高阶思维训练,分层递进地培养学生参与环境科技活动、环境科技项目和心理环境活动创新的能力,从而做到让学生有兴趣学、分阶段学,让学生学出愉悦感,成就感。具体框架如表 5-3 所示:

表 5-3 "环境素养培育"特色课程的分层设计表

| 课程类型 | 课程层次 | 课程目标 | 课程内容 |
| --- | --- | --- | --- |
| "环境·科技"类课程群 | A 层(全校普及型课程) | A 层:了解基础实验的科学原理和操作要点,并能熟练地动手操作。学习科学研究的基本方法与技术,培养收集信息、分析信息、利用信息的能力 | 能源知识概要——绿色能系列源课程之一<br>绿能源创新研究——绿色系列能源课程之二<br>物理拓展课程——绿色能源系列课程之三<br>基础机械课程——绿色能源系列课程之四<br>校园植物档案——校园植物系列研究之一<br>唯美校园 "维"美生命——校园植物系列研究之二<br>水技术与环保基础综合课程——水技术与环保系列课程之一 |
| | B 层(兴趣拓展型课程) | B 层:培养对科学的浓厚兴趣,了解拓展实验的科学原理和操作要点,并能熟练地动手操作,学习科学研究的基本方法与技术,培养收集信息、分析信息、利用信息的能力 | 人工湿地读本——水技术与环保系列课程之二<br>气候与环境——气象系列课程之一<br>物候——气象系列课程之二<br>气象概论——气象系列课程之三<br>天气预报——气象课程系列之四<br>头脑 OM 课程<br>食育课程<br>学科与环境素养教育结合指南 |

(续表)

| 课程类型 | 课程层次 | 课程目标 | 课程内容 |
|---|---|---|---|
| "环境·人文"类课程群 | A层(全校普及型课程) | A层:借鉴跨文化背景的不同思维方式与全球可持续发展教育案例,拓展视野、激活思维,鼓励学生表达自我、关注社会;培养文明儒雅的言行举止、坚韧意志和对美的感知和鉴赏能力;通过中国经典文化的学习,传播"天人合一"的中国传统哲学思想,弘扬人与自然的和谐发展 | "环境素养培育"概要——环境通论之一<br>全球环境问题概述("互联网+"课程)——环境通论之二<br>科学思维导引——科学思维系列课程之一<br>科学方法概述——科学思维系列课程之二<br>LTCC基于跨文化思维培育读本系列<br>《天人合一观通俗读本》——中国古代哲思之一<br>国学基础知识辑要——中国古代哲思之二<br>尚礼明德概述——尚礼明德系列读本之一<br>礼仪美育——尚礼明德系列读本之二<br>交往礼仪文书——尚礼明德系列读本之三<br>和睦相处·和衷共济·和谐发展——民族团结教育系列读本之一<br>中国民族文化——民族团结教育系列读本之二(英文版)<br>可持续发展教育案例<br>建筑艺术与环境科学 |
| | B层(兴趣拓展型课程) | B层:培养学生尊重自然,尊重生命,尊重差异的环境责任感和可持续发展观;培养人文素养、创新精神以及高雅得体的人际交往能力和审美能力,并能开展相关课题研究 | |
| "环境·心理"类课程群 | A层(全校普及型课程) | A层:培养学生形成健康的心理、丰富的情感、美丽的心灵和崇高的精神世界 | 《心理健康》——青春系列读本之一<br>《情感世界》——青春系列读本之二<br>《心灵世界》——青春系列读本之三<br>《精神家园》——青春系列读本之四<br>《幸福人生》——青春系列读本之五 |

(续表)

| 课程类型 | 课程层次 | 课程目标 | 课程内容 |
|---|---|---|---|
| 实践体验类课程 | A层（全校普及型课程） | A层：在项目实践中培养对社会的责任意识以及人与人协作沟通的理念，养成绿色、环保、健康的生活方式 | 尚礼明德"五进"实践活动<br>校外场馆系列体验课程<br>环境教育社会实践系列活动<br>校园"自主管理项目"活动<br>人文科技社团活动<br>系列创新实验室<br>冬令科学探索营<br>夏令思维训练营<br>海外游学系列课程<br>《实验操作手册》系列<br>《校外拓展体验指导手册》（系列）<br>《水技术与环保经典实验手册》<br>《绿色能源经典实验手册》<br>《生物创新经典实验手册》<br>《磨砺坊实验手册》<br>《综合实践基地活动手册》 |
| | B层（兴趣拓展型课程） | B层：在项目实践中培养社会责任意识、科技素养、创新精神以及高雅得体的人际交往能力和审美能力，并能开展相关课题研究 | |
| | C层（特长提升课程） | C层：对某一课题进行较深入的专题研究，培养自主学习、自主创新的能力 | |
| | D层（自主创新课程） | D层：能活学活用，运用相关知识进行创新探究和发明，能有具体的创作成果 | |

从表5-3可见，曹杨中学对每一类特色课程都进行了分层设计，既重视了全体学生的普惠性，又关注了学生个体的差异性，在课程实施时兼顾普及和提高。

以"环境·科技"类课程中的绿色能源系列课程为例，我们在基础型课程中渗透绿色能源的相关知识点，同时面向全体学生开设每周一节的校本课程教学，开放实验室，提供实验项目，使其了解绿色能源的基础知识和基本原理；对拓展课和区域走班的学生，以创新项目实践和社会考察为主要形式，使学生全面深入地理解绿色能源；对一部分在课程中脱颖而出的、在绿色能源课程学习中展现特长的学生，我们安排教师长期跟踪辅导，为学生研究项目的孵化提供良好的环境。

此外,曹杨中学将实践体验类课程也设计为 A 层和 B 层两个梯度,既有面向全体学生且必修的创新研究和社会服务课程,又有面向部分兴趣特长生可自选的兴趣拓展课程。其目的是培养学生践行绿色生活的意识与能力,让他们养成低碳环保的自律、自理、自治的责任感和生活方式。

表 5-4  A 层实践体验类课程摘选(普及类,面向全体学生)

|  | 实施地点 | 课程内容 |
| --- | --- | --- |
| (1) | 本校 | 校园植物的识认与挂牌 |
| (2) | 本校 | 校园内年级生物角和班级包干区的管理 |
| (3) | 长征镇各社区 | "普及垃圾分类知识,践行绿色中国之梦"社区服务工作 |
| (4) | 上海科学节能展示馆 | 节能知识普及、环保意识培养 |
| (5) | 上海风力发电科普馆 | 风力发电知识普及 |
| (6) | 新能源主题公园 | 新能源相关知识普及 |
| (7) | 上海苏州河梦清园环保主题公园 | 苏州河水资源知识普及、考察活动 |

表 5-5  B 层实践体验类课程选摘(提高类,面向特长学生)

|  | 实施地点 | 课程内容 |
| --- | --- | --- |
| (1) | 本校 | 校园人工湿地的水质净化 |
| (2) | 本校 | 校园植物档案的建立 |
| (3) | 本校 | 学校用水、用电、用纸等情况监测与改进方案 |
| (4) | 常熟蒋巷村 | 课题研究:沼气燃烧二次污染成因探究、沼气发酵过程中产甲烷菌的实验研究 |
| (5) | 红安官木塘小学 | "红色之旅、绿色公益"活动(新能源设备安装及维护、新能源知识推广) |
| (6) | 长征镇各社区 | 社区生态、生活与环境现状的调查研究;社区点亮生活:太阳能门牌灯社区推广(中英) |
| (7) | 瑞士吉博力集团生产基地 | 课题研究:雨水测量、收集,"中水"回用研究 |
| (8) | 周庄 | 课题研究:水资源、水循环考察研究 |

(续表)

| | 实施地点 | 课程内容 |
|---|---|---|
| (9) | 湖州天荒坪水库 | 课题研究:水力发电技术结合的透水坝作用探究 |
| (10) | 美国北伊利诺伊大学 | "STEM"夏令营课程 |
| (11) | 德国莱布利兹中学 | 环保合作研究项目 |

### 四、初高中衔接的特色课程设计

曹杨中学是一所完中,初中学生人数800多人,超过全校人数的五分之二。我们认识到,初中是基础教育的重要阶段之一,也是高中进行人才培养的重要前段。学校要落实办学理念、达成育人目标,就必须树立完整系统的育人体系,围绕学校办学的顶层设计展开,深入挖掘学校课程、文化、活动等方面的特色,落实开展贯穿初、高中教育阶段的"环境素养培育"特色课程,使我校的初中毕业生的环境素养能显著高于其他学校学生;让我校初中毕业生升入其他高一级学校后能在环境保护上起到引领作用,辐射学校"环境素养培育"特色创建成果;对于直接升入本校的学生,能在特长发展上更好地接轨。

为此,我校将"环境素养培育"特色课程向初中进行延伸,除了在各学科教学中渗透外,还设置初中"环境素养培育"系列特色课程,分为初高中共享课程和初中专设课程。

共享课程充分体现我校的"环境素养培育"特色,在实施方式上与高中特色课程相同,在内容上考虑到初中生的年龄特点,难度要求大大降低,主要以普及环境和能源基础知识、培养保护环境意识的通识性课程为主,开设"环境·科技"类课程群、"环境·人文"类课程群、实践体验类课程等三大类课程群,课程梯度为A层(全校普及型课程)和B层(兴趣拓展型课程)。

专设课程则根据教育部《中小学环境教育实施指南(试行)》中对初中学生"环境素养培育"的相关要求进行设置,内容包括生态环境、社会环境、经济与技术、政策法规4个部分,以及现状了解、调查与探究、社会参与3个层面的项目和要求,供学生选择学习(见表5-6)。

表5-6 曹杨中学初中"环境素养培育"专设课程设计

| 课程内容 | 分层项目与要求 | | |
|---|---|---|---|
| | 现状了解 | 调查与探究 | 社会参与 |
| 生态环境 | 校园、社区生态情况的观察、信息收集与交流 | (1) 校园、社区、城市生态环境的社会调查报告(可以针对植物、动物、水等单项)<br>(2) 虬江河水质监测<br>(3) 校园节能情况监测 | 生态保护志愿者行动 |
| 社会环境 | (1) 校园、家庭、社区生活环境情况的观察、信息收集与交流<br>(2) 中国人口现状以及对环境影响因素的信息收集与交流<br>(3) 不同文化背景、生活方式对环境影响的信息收集与交流 | (1) 校园、社区生活垃圾处理情况调查<br>(2) 校园用水、用电情况监测<br>(3) 曹杨学生生活习惯调查<br>(4) 中外学生生活方式差异与环境影响调查<br>(5) 不同生活习惯、交友情况对学习的影响调查 | (1) 校园、社区环保志愿者行动<br>(2) 参与良好生活方式示范员活动<br>(3) 参与良好学习习惯示范员活动<br>(4) 参与良好合作与沟通示范员活动 |
| 经济与环保技术 | 有关经济与技术发展对环境影响的信息收集与交流 | 学校、家庭、社区新增设备和家用电器耗能、节能情况调查 | (1) 节能装置的小创造、小发明<br>(2) 节能生活规划制订与实施 |
| 环保法规 | 国内外现有与环境相关的政策法规的收集与交流 | 现有的环境保护政策和法律的实施状况调查 | 参与班级、学校节能环保规章的制定与践行 |

**五、"环境素养培育"特色课程教材开发的设计**

"环境素养培育"特色课程教材分为两个系列:一是选用教材系列。根据各类特色课程的目标、内容、形式,选取现有的、切合学校特色课程要求的教材,例如,《物理拓展课程——绿色能源课程之三》《和睦相处·和衷共济·和谐发展——民族团结教育读本之一》《中学生心理健康读本》等。二是自编教材系列。在学校"环境素养培育"课程建设过程中,逐渐成熟的讲义、资料,根据学生的实际需要,由教师在专家的指导下编写、试用、修改完善,成为教材。

目前,已经编写教材32种,配套实验手册和指导手册11本,包括"环境·科技"类课程的《绿色能源课程系列》《水技术与环保课程系列》《校园植物研究课程系列》《气象课程系列》等,"环境·人文"类的《环境通论系列》《科学思维课程系列》《中国古代哲思课程系列》《尚礼、明德课程系列》《民族团结教育课程系列》等,"环境·心理"类的《青春读本系列》《高中学习适应性课程系列》《高中生职业生涯规划导航》等,实践体验类的《研究性学习指导手册》《研究性学习发展手册》《校外场馆体验手册》《绿色能源经典实验手册》等。其中,气象课程系列教材之一的《气候与环境——高中生应对气候变化行动》由中国气象出版社出版,在全国公开发行。

在课程的开发中,我们特别注重课程的科学性、可行性和有效性,制定了课程开设的审核制度,成立了特色课程指导专家组。开设前,我们对课程的科学性和可行性进行论证。实施中,结合校内视导,对课程的有效性进行监控,保障课程的品质。

## 六、"环境素养培育"特色社团建设的设计

为充分激发学生的探究兴趣和创造潜能,我们鼓励师生共同开发"环境素养培育"特色社团,学校负责提供场地和一定的活动经费。目前,学生自发组建和教师依托特色课程组建相结合,开发了绿色能源、水科技、人工湿地、气象科技等20多个"环境素养培育"社团,参加人数近300人。社团成员依照章程制度,定期开展各类校内外探究活动,如寒暑假到外省市开展社会实践活动,实地进行调查研究、资料收集、数据采集与分析、撰写研究报告等一系列科学研究工作,深受同学们的喜爱。其中"水科技社团"获2015年上海教育博览会互联网+教育展"十佳"学生科技社团。每学期的社团招新和社团展示周也已经成为学生们非常喜爱的特色文化活动。

"环境素养培育"特色课程系统的整体构建,尝试了在课程建构方式上的探索创新,即:通过统整,使分散的特色课程发展为系列化特色课程群;通过整体构建,使单纯的特色课程设置发展为由课程目标、内容、实施、管理、资源、评价6

个子系统构成的全方位的特色课程系统,使课程育人效应最大化。此外,在课程内容上采取分层分类设计的方式,在满足全体学生的通适性需求的同时,为高兴趣度学生的深层次发展需求提供了灵活多样的选择空间,兼顾了普通高中发展特色的普适性与普惠性、多样性与差异性的要求。

# 第六章 "环境素养培育"特色课程的实施和管理

## 第一节 特色课程与现行课程的统合

"环境素养培育"特色课程实施的基本模式是将特色课程系统与现行课程系统有机统合融为一体。我们认为,特色课程系统不能脱离现行高中课程而孤立存在,其"特色"的最终体现恰恰需以现行课程为基础。而现行课程体系也非常需要通过特色课程的融入,弥补其内容上的相对滞后性和实施形式的相对单一性等不足,从而产生新的学习效能,更好地发挥课程育人功能。

所谓课程实施,是把课程计划付诸实践和达成预期课程目标的全过程。不同的教育主体对课程实施过程本质存在认识上的差异,支配这种认识的相应的课程价值观不同,在课程实施过程中自然也会存在不同的实施取向,最终达成不同的教育目标和效果。

一般来说,当前中小学普遍认同的有3种课程实施取向:一是忠实取向,即在课程实施过程中"忠实地"执行课程设计者的意图,以期达到预定课程目标和预期结果的过程;二是调适取向,或称为相互适应取向,即把课程实施视为课程方案的使用者和学校情境之间的相互适应,以期根据学校的实际情况,在课程目标、内容、方法组织形式等方面对课程方案进行调适和改造;三是创生取向,即把课程实施看成是课程方案使用者(即教师和学生)结合具体情境,创造出新的教育经验的过程。

具体来说,我们在"环境素养培育"特色课程建设中十分重视凸显创生取向的课程实施,与基础教育课程改革所提倡的"基于真实情境的学习""基于问题解决的学习""基于案例的学习"等理念是高度契合的。我们在"环境素养培育"特色课程的实施过程中,在横向上注重与现行基础型课程的有机结合,在纵向上注重与有关学段的衔接,在教育方式上注重全员育人、活动育人,充分凸显教师与学生在课程变革中的主体性和创造性。

### 一、"环境素养培育"特色课程与现行课程的关系

(一)"环境素养培育"课程是对基础型课程内容的拓展与丰富

我国在促进工业化、信息化、城镇化、农业现代化同步发展的基础上,进一步确定了加快建设创新型国家的战略决策,对人才的需求也逐渐趋向综合性和多样化。对人才需求的变化要求学校教育不仅要注重培养具有较高技能水平、较强创造能力的知识型劳动者,还要致力于培养各行各业亟须的专门人才和拔尖创新人才。在这样的背景下,基础教育阶段的课程设置必须增加灵活性和选择性,这样才能满足学生个性化学习和多样化发展需求。

根据全国基础教育课程改革的要求,我国中学阶段的课程按照两种不同维度进行分类:一是从课程的管理权限的维度,分为三级课程,即国家课程、地方课程和学校课程;二是从课程的教育功能维度,可分为基础型课程、拓展型课程和研究型课程。

从课程的教育功能看,基础型课程着重培养学生满足终身可持续发展和未来社会发展所需要的必备品格和关键能力;拓展型课程和研究型课程着重满足学生的个性化学习需求,发掘和培育学生的潜能和特长。我们可以看到,单是以基础型课程为支撑无法满足当前经济社会对人的需要,无法培养全面发展的高素质人才,因此亟待对基础型课程内容进行丰富和拓展。

在这一背景下,曹杨中学根据学生的实际情况和个性化发展需求,校本化地建构学校的课程体系。为了培养学生"担当责任"的必备品质和"自主力行"的关键能力,以"环境素养培育"特色课程建设为载体,在基础型课程的基础上,开发了具有自主拓展和研究特征的"环境素养培育"特色课程系统。在实施过程中,我们将特色课程内容与基础型课程内容统合,使其成为一个有机整体,并注重将学科领域中的知识、概念、程序、策略在特色课程中进行拓展、延伸、综

合、重组和提升,提高学生的学习迁移能力和系统思维能力。例如,围绕语文、外语、政治、历史等文科类基础型课程,我们构建了"环境·人文"类课程群和"环境·心理"类课程群,通过礼仪美育、校园自主管理项目、普及类社会实践项目等课程的实施,提高基础型课程内容的广度和深度。

(二)"环境素养培育"特色课程是将基础型课程知识运用于实践的平台

新课程提倡学生主动参与、勤于实践、自主探究,注重培养学生善于学习的能力、获取新知识的能力、分析和解决问题的能力、沟通交流与团结协作的能力等。因为学科特征、教学设施、时间分配等因素的限制,基础型课程实施的主要途径还是课堂教学,这就需要学校充分挖掘教育资源,因地制宜地进行教育改革,为学生的基础型课程搭建更多、更丰富的实践体验平台。

2008年,上海市制定的《关于改进各学科的学习训练方式的指导意见》指出,"要通过改进各学科的学习训练方式,逐步建立有利于促进学生综合发展的学习训练体系"。"环境素养培育"特色课程与生活实际密切联系,其优势在于充分关注学生学习方式对创新精神和实践能力培养具有促进作用,重视学习体系中的开放性、实践性、应用性、研究性和综合性,不以知识难度让学生望而生畏,而是鼓励和激发学生的参与性、体验性,采取"做中学"的方式让学生在完成一个个具有挑战性的创思、创意、创造,甚至在创业的任务中,体验什么是创新以及创新对自己提出了哪些挑战,认识到应该怎样提升自己。此外,注重现代信息技术的支持作用,通过模拟情景的创设,线上、线下相结合,提高学生学习体验的灵活度。

为更好地凸显"环境素养培育"特色课程理论联系实际的优势,使之成为基础型课程知识运用于实践的平台,我校围绕地理、物理、化学、生物等基础类课程,构建了"环境·科技"类、"环境·人文"类、"环境·心理"类特色课程群,通过实施绿色能源基础实验、水科技与环保基础实验、环境科技创新与发明、自主管理课程等,进一步深化基础型课程知识尤其是学术性、通识性与学生生活世界、与学生直接经验之间的联系,使科学类基础型课程中抽象思维的内容生活化、具体化,激发学生学习的兴趣,提升学生的人文和科学素养。

(三)"环境素养培育"课程是跨学科知识与能力的有机融合

当今世界范围内课程改革的共同方向是跨学科、综合化,其目的是突破以学科为中心的课程观，让课程回归以学生发展为中心的本质。

长期以来，受社会需求、应试教育导向等因素的影响，中学阶段基础型课程倾向于分科和专门化，各学科日渐壁垒分明，特别是文理学科之间缺乏必要的联系和有效的统整，这使学生的知识产生局限性和片面性，不能很好地综合运用所学知识解决实际问题，也不利于学生多元智能的发展。因此，新一轮基础教育课程改革对课程结构进行了调整。教育部颁发的《国家基础教育课程改革纲要》指出："要改变课程结构过于强调学科本位、科目过多和缺乏整合的现状，重视课程的'开放性''综合性'；提倡不同学科相互联系、相互补充和相互渗透；整合学科知识、实际生活以及学生个人经验。"

通过多年的实践探索，"环境素养培育"课程选择以项目式、问题解决导向为基本实施形式，既以某一学科知识为主线，又打破了学科界限，融合并拓展、延伸各学科知识，有目的、有计划地进行课程设计和组织教学活动，形成了综合的知识和能力网络。

例如，在"环境通识类"课程群中，设置文史拓展特色课程，坚持多元文化的观点，通过研究多种文化的相互影响，培养学生以历史唯物主义观分析多种文化问题的能力，学会将学科与论述置于历史的背景中进行研讨。

## 二、"环境素养培育"特色课程与现行课程统合的实施策略和途径

在特色教育实践中，学校往往会遇到特色课程不能与现行课程有机融合的困难，出现"两张皮"问题，这也是我们在研究中重点要解决的难题。通过长期的实践探索，我们寻找行之有效的策略和方法，将"环境素养培育"特色课程系统作为辅系统与现行高中课程主系统融为一体，整体构建了学校富有特色的课程体系，如图6-1所示。

"环境素养培育"课程基于国家课程和学校课程进行架构，既是对国家课程的校本化实施、相关学科教学的拓展，又兼顾了"环境素养培育"的特殊性要求，其内容既植根于基础型课程，与学科知识紧密联系，但又不是与现行的高中课程简单叠加，而是高度融合。

通过"嵌入式、渗透式、主题式"的"三式"实施策略和特色课程实施与基础

# 第六章 "环境素养培育"特色课程的实施和管理

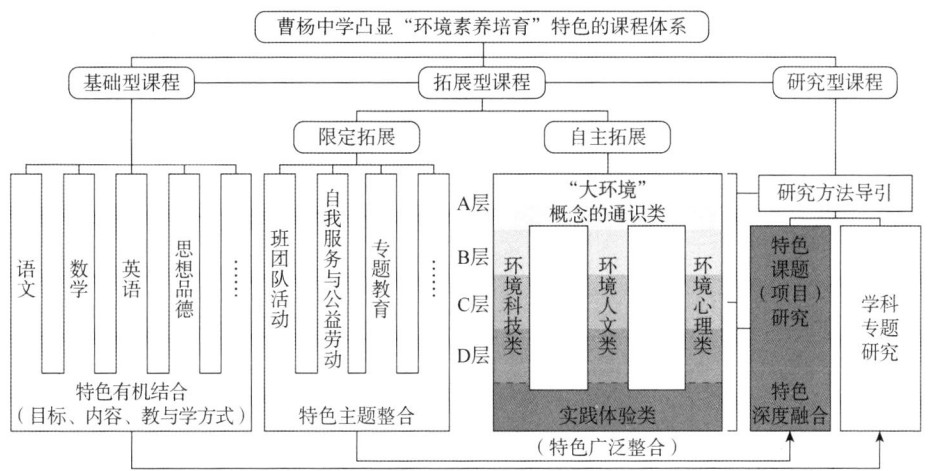

**图 6-1 曹杨中学"环境素养培育"特色课程体系**

型课程(国家课程)有机结合、与拓展型课程广泛整合、与研究型课程深度融合的"三合"实施途径,使特色课程融入现行课程教学之中,如图 6-2 所示。

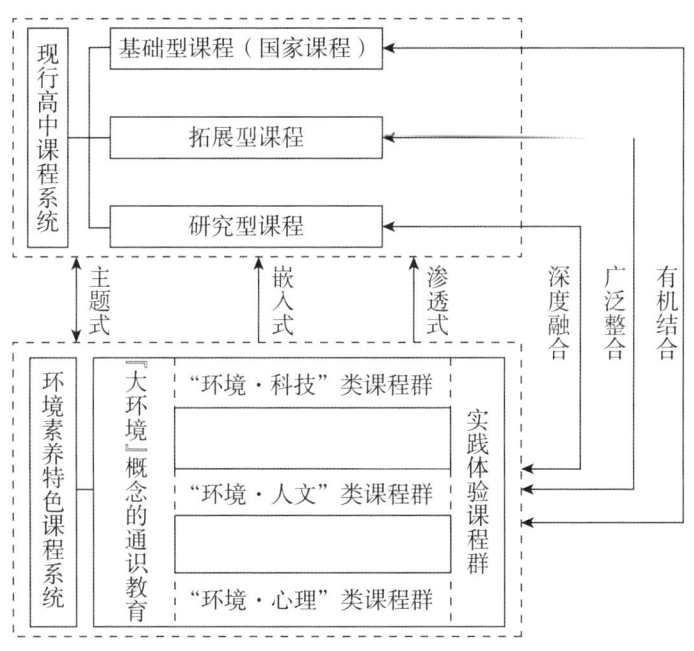

**图 6-2 曹杨中学"环境素养培育"特色课程体系实施**

(一)"嵌入式、渗透式、主题式"的"三式"实施策略

1. 在课程计划中嵌入环境素养课程

我们依托学科开发"环境素养培育"系列课程。例如,主要依托物理学科开发绿色能源课程系列,依托化学学科开发水技术与环保课程系列等,将这些作为拓展型课程的主要内容列入课程计划,拓展和补充相关学科内容。

2. 在学科教学中渗透环境素养教学目标

我们开设"环境通论""科学思维方法"等通识课程,要求和指导教师在日常的学科教学中激发人与环境和谐共生、协同发展的意识和观念,渗透科学的思维方法及环境科技知识,为学生创设"情境化"的学习氛围,在帮助学生树立环境意识的同时,将书本知识与生活实际相结合,以便更好地掌握学科知识和技能,培养综合运用的能力。

3. 将特色课程内容与学科教学的某些内容糅合组成新的主题教学

例如,我们将"环境素养培育"课程中的"绿色能源""机械基础课程"等主题与物理、化学、地理、政治等学科的相关内容糅合在一起,形成"新能源汽车的开发"主题教学,开展研究性学习,解决实际问题,丰富学生学习经历。

(二)与基础型课程(国家课程)有机结合、与拓展型课程广泛整合、与研究型课程深度融合的"三合"实施途径

1. 基础型课程校本化实施中有机结合"环境素养培育"

我们根据本校学生的知识水平、思想特点、认知结构和身心发展规律,开展基础型课程的校本化实施,制定了《学科课程标准校本化实施纲要》,以规范各学科教师基于课程标准的教学行为,保证基础型学科教学的有效实施。为了实现"环境素养培育"特色课程与基础型课程的有机结合,我们制定了《"环境素养培育"与学科渗透指南》,从环境意识、环境伦理、科学思维、环境知识等方面着手,深入挖掘特色课程与各学科基础型课程的系列化结合点,要求教师在基础型课程学科教学中渗透人与社会人文环境、自然环境、自身心理环境和谐共生、协同发展的意识和观念,科学的思维方法及前沿的环境科技知识,帮助学生树立环境素养价值观、培养环境素养意识、应用学科基础知识、掌握相关基本技能。

2. "环境素养培育"特色课程与拓展型课程全面整合

"环境素养培育"特色课程与拓展型课程的全面整合体现在两个方面：一是学校的"环境素养培育"系列课程是以自主拓展型课程的方式分类、分层地开展实施的,分为必修和选修两类。其中各类课程的 A 层面为必修拓展课程,每位学生都必须修习,其他 3 个层面的课程由学生根据自身兴趣和发展需求自主选择。这样,使自主拓展型课程与"环境素养培育"系列课程完全重合。二是"环境素养培育"系列课程是依托学科开发的,是学科拓展的重要内容。如绿色能源课程系列主要是依托物理学科开发的,水技术与环保课程系列主要是依托化学学科开发的,中华传统哲思课程系列主要是依托语文学科开发的,都是对于学科知识的拓展。

"环境素养培育"高度重视立德树人和对社会主义核心价值观的培养,围绕"环境素养培育"开展各类专题教育、主题活动和实践活动,使"环境素养培育"特色课程与限定拓展型课程全面整合(见图 6-3)。

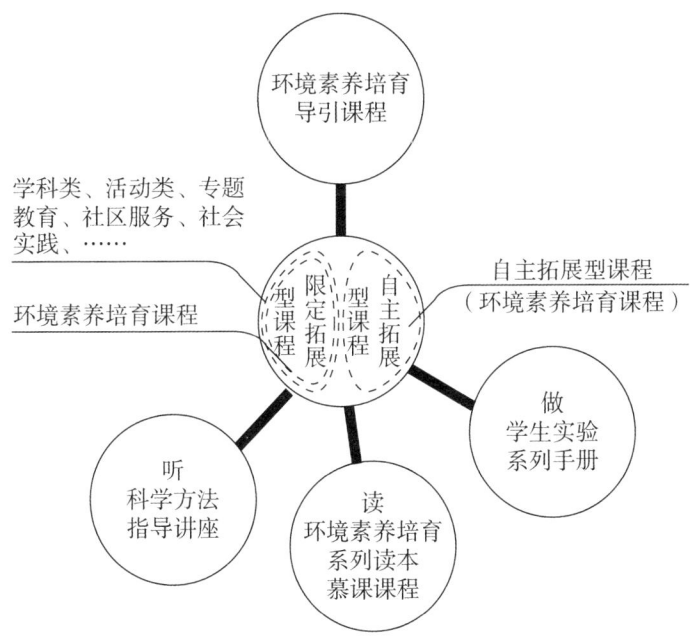

图 6-3 "环境素养培养"特色课程与限定型课程全面整合

### 3. "环境素养培育"特色课程与研究型课程深度融合

"环境素养培育"聚焦于"生活中环境问题"这一大主题,使学生容易找到感兴趣的课题。教师注重引导学生基于自身的生活环境选择感兴趣的主题,通过深度融合、专题呈现、实践体验等方式开展探索研究,在丰富学生学习体验的同时,提高灵活运用知识和技能来发现问题、解决问题的能力。主题式的课题研究方式也能促进学生运用多学科知识开展课题研究或项目设计,提高跨学科运用所学知识来正确解决问题的能力。

例如,学生以"太阳能水培植物营养液自动调节装置设计制作"为研究课题,利用 Arduino 技术,制作了一种太阳能供电的能自动检测与调节无水栽培植物营养液浓度的装置,大幅节省了栽培过程中的人力成本。在研究的过程中综合运用了电路、溶液粒子浓度、计算机编程逻辑、加工工具的使用等物理、化学、信息技术、劳动技术等学科知识和技能。该课题获得第三十三届上海市青少年科技创新大赛创新成果一等奖。

丰富多彩的校内外实践活动是培养学生学习能力、提升综合素养的重要途径之一,曹杨中学高度重视实践活动对人才培养的作用,将"环境素养培育"特色课程与学生校内外活动、社团活动广泛统合起来:校内依托绿色能源社团、水技术环保社团、气象科技社团等,组织开展各种实践活动。校外与中国极地研究中心、上海科学节能展示馆、上海风力发电科普馆等建立合作关系,共建社会实践基地,共同致力于学生环境素养提升,让特色课程不仅融入学校的课程体系,也深入学生的校园文化生活;不仅植根于学校,也辐射扩展到社区、社会。上述举措,使"环境素养培育"特色课程与研究型课程深度融合、密不可分。

## 【研究性学习案例】

### 看曹杨中学小伙伴在多元体验中探索创新
——曹杨中学暑期研究性学习掠影

一、夏令思维训练营——思维火花美丽绽放

夏令思维训练营在曹杨中学已经连续举办了多届,学校聘请了来自英国剑桥、牛津,美国常春藤名校,以及复旦等国内外知名高校的导师团队,结合校本

LTCC思维课程,通过头脑风暴、案例分析、演讲、辩论等活动,培养学生的科学思维、掌握科学方法。在思维训练营中,同学们比较中外、吟古辩今,围绕"礼崩乐坏下的春秋战国""一意孤行该不该被称赞"等话题展开分析和辩论。为了让自己的观点更有说服力,同学们广泛查阅资料、收集证据、训练辩论技巧,这些经历让他们开阔了视野、激活了思维、加深了对多元文化的理解、提升了信息素养,更认识到科学分析和理性思考对于解决各种问题的重要性。

二、社会实践基地——贴近生活的体验感悟

走出校门到社区、社会实践基地开展研究性学习实践活动是每位曹杨中学学生必修的实践体验课程。在企业、研究所、街道、农村等实践基地,同学们带着课题开展实地考察、科学监测、访谈调研等研究活动。"从两极看全球环境问题""居家养老的可行性分析""农村秸秆焚烧现状研究""滩涂湿地对周边生态环境及气候的影响""红绿灯时间设定与行人违章穿越的关联性研究"等课题,让同学们深入地观察生活、思考生活并尝试着用所学的知识、技能分析问题、解决问题。

三、社团活动课程——培养执着的科学精神

炎炎酷暑,比平日里清静许多的校园里还活跃着一群小研究员,他们是学校各科技社团的同学们。这群同学最大的特点是默默无闻,无论寒冬酷暑都坚守在各个观测岗位上。虹江河水质监测、PM2.5数据采集、物候观察、校园植物笔记、实验设备的维护、数据的分析等,每一项任务都需要同学们的坚守,都考验着他们的耐心。有些数据的采集甚至需要一届届同学传递下去。一组定期采集PM 2.5数据的同学骄傲地说,再过两年他们的分析数据就可以创造纪录了,即将毕业的事实一点也不影响他们执着地工作。还有一组同学在改进"植物补给系统装置",这一项目已经传递了三届了,还在继续完善着。

这些项目多是在同济大学、极地研究中心、上海市气象局等高校和研究机构专家教授——学校特色兼职教师的指导下开展起来的。同学们从这些科学家们身上除了学习到科学的研究方法外,更为宝贵的是荣辱不惊、默默无闻、执着、坚守的科学品质和精神。

形式多样、内容丰富的暑期研究性学习,架构起课堂学习与社会生活的桥梁,将抽象的知识与具体的生活实际相关联、融合,实现学以致用,也为同学们开拓了施展才能的广阔空间。学校多年的实践表明,研究性学习的开展有助于同学们开阔视野、认识自我、激发潜能,同时丰富了学习途径、改进了学习方法,对课堂学习也有很好的促进作用。

(上海教育网络版2016年8月20日登载)

### 三、构建特色课程与现行课程统合的学习支持系统

（一）构建富有"环境素养培育"特色的学科学习支持系统

曹杨中学充分关注学生在高中阶段学习的适应性和个别化需求,着力培养学生主动学习的良好习惯和健康和谐的心理环境,开发了学科个性化作业推送系统、"share 三题"校本作业和初高中衔接课程,并在设计时注意适切地渗透"环境素养培育"的内容。学科"个性化自适应"作业平台根据学生学习差异和个性化需求,线上、线下相结合,为学生提供学习支持和个性化作业推送,也为教师教学改进提供丰富的数据。目前,英语学科已经开始先行使用。"share 三题"校本作业是根据本校学生学习水平自主编写,有助于促进教学和学习效果的提升。初高中衔接课程则是帮助高一新生从学习态度、学习方法和知识要点的理解等方面尽快适应高中阶段的学习。

同时,我们有意识地在学科教学中有机渗透环境素养的意识、知识和技能。我校课程研究中心和教研组组织编写的《学科渗透"环境素养培育"教学实施方案》,指导和规范教师有效地将学科教学与"环境素养培育"课程有机结合起来。

（二）构建特色课程与拓展型课程全面整合的学习支持系统

在拓展型课程的学习中,学生的自主学习被放在了非常重要的位置。如何充分利用拓展型课程这一载体来培养学生的自主学习能力,是我校一直探索的问题。为此,构建了线上与线下相结合的学习支持系统,帮助学生更有效地开展自主学习。

系统的线上部分主要由"互联网+"环境通论课程系列、"慕课"课程系列等组成,学生可以灵活机动地利用时间在网上开展自主学习,并能得到专家和指

导教师的在线辅导。

系统的线下部分则包括"环境素养培育"导引等课程,帮助学生了解各门课程的内容和特点,方便学生自主选课。此外,还辅以一系列的支持手段指导和帮助学生更有效地自主学习。例如,定期开展科学方法指导,帮助学生了解和掌握各种科学研究方法;编写系列实验手册,指导学生自主进行实验;开发适合学生自学的"环境素养培育"系列读本,供学生课余时间进行自学等。

（三）构建特色课程与研究型课程深度融合的学习支持系统

为了确保研究性学习的顺利有效开展,我们还建立了研究性学习支持系统,形成了从课题前期指导到成果评价的一整套实施流程:编制了专业的研究性学习学生指导手册和研究性学习记录手册,指导和规范学生的研究行为;组建了一支由校内课程教师、校外兼职教师和30多名大学本科生、研究生组成的辅导团队,并与线上线下相结合,从选题、研究方法选择、数据采集分析、研究报告撰写等各个环节对学生的研究性学习活动进行全程指导。

## 第二节 "环境素养培育"特色课程的实施策略和方式

适切的实施策略和方式有助于更有效地达成课程目标、更好地发挥课程的育人功能。"环境素养培育"特色课程的特点决定了需要采取与国家课程不同的实施模式。我们经过多年来的探索实践,总结出了一套比较有效的实施策略和方式。

### 一、特色课程内容结合点的系列化

基础型、拓展型课程内容中可以找到与"环境素养培育"特色的结合点,如果充分利用这些结合点进行特色渗透,将会更有利于培育学生的环境素养。

我校深入挖掘基础型、拓展型课程内容与"环境素养培育"特色课程的结合点,并将其列入教学计划,方便教师在基础型课程的教学中渗透"环境素养培育"特色课程的相关内容(见表6-1、表6-2)。

表 6-1　基础型课程中学科内容与特色课程的结合点示例

| 目标指向 | 学科 | 课程章节(部分) | 相关内容例举(部分) |
|---|---|---|---|
| 和谐共生、协同发展的观念意识尊重包容、珍爱负责的情感态度 | 高中语文 | 《诸子喻山水》 | 大自然中的山水是能源宝藏 |
| | | 《瓦尔登湖》 | 结合梭罗思想谈保护绿色能源 |
| | | 《秋水》 | 结合庄子思想谈能源的循环再生 |
| | | 《自然笔记》 | 善待环境、保护能源 |
| | 高中数学 | 第二册第59页例2 | 双曲线型自然通风塔的外形 |
| | | 第二册第63页部分 | 探照灯、太阳灶、雷达天线、卫星的天线、射电望远镜等 |
| | 高中英语 | 第一册第五课 | Reading: "Green Orchids" |
| | | 第二册第五课 | More Reading: "Helping the Environment" |
| | | 第五册第三课 | More Reading: "Ecotourism" |
| 和谐共生、协同发展的观念意识尊重包容、珍爱负责的情感态度正确认识和处理环境问题的能力 | 高中物理 | 高二物理第七章 | 能的转化的方向性能源开发 |
| | | 高二物理第七章 D | 学习包——太阳能的利用 |
| | | 高二物理第十二章 E | 反应堆核电站 |
| | 高中化学 | 高中第二章第二节 | 人类赖以生存的空气 |
| | | 高中第三章第二节 | 水 |
| | | 高一第四章第二节 | 化学变化中的能量变化 |
| | | 高二第十一章第一节 | 石油 |
| | 高中生物 | 高二生物 | 生物催化剂——酶,生物燃料 |
| | | 高二生物 | 微生物,利用产甲烷菌生产沼气作为能源 |
| | | 高二生物 | 生物工程 |
| | 高中地理 | 高中地理专题2 | 地球的伙伴——月球,潮汐能源 |
| | | 高中地理专题3 | 人类对太空的探索、太阳能资源、环境资源 |
| | | 地形地势的主要特点 | 水能资源、大型水电站 |

(续表)

| 目标指向 | 学科 | 课程章节(部分) | 相关内容例举(部分) |
|---|---|---|---|
| 和谐共生、协同发展的观念意识尊重包容、珍爱负责的情感态度 | 高中信息 | 第一章第三节 | 粮食问题中的算法探究 |
| | 高中政治 | 高一上前言 | 统筹人与自然和谐发展,以人为本,全面协调可持续发展 |
| | | 高二上第三课 | 建设服务政府,政府工作的重点向生态建设、环境保护倾斜 |

表6-2 拓展型课程中学科拓展内容与特色课程结合点示例

| 学科 | 目标指向 | 相关内容列举(部分) | 教师 | 时间 |
|---|---|---|---|---|
| 理科 | 自主实验(正确认识和处理环境问题的能力) | 基本实验<br>经典实验<br>生成实验 | 学科教师与实验员 | 中午、放学、自修等自由时间 |
| | 提高实验(正确认识和处理环境问题的能力) | 以学科为基础的创新实验 | 同济大学兼职教师 | 拓展课 |
| 文科(以英语为例) | 拓展阅读(和谐共生、协同发展的观念意识;尊重包容、珍爱负责的情感态度;正确认识和处理环境问题的能力) | Introduction-air pollution in China, the causes and solutions.<br>The Greenhouse Effect-scientific background.<br>Renewable Energy-the different sources, their pros and cons<br>International Cooperation-ozone layer hole case study<br>Water Shortages-pollution, conservation.<br>Electric Cars-how they work, how they help with climate change. | 校内英语教师与外籍教师 | 拓展课 |

## 二、特色课程实施中课时安排的灵活性

为了满足学生的个性发展需求,学校通常会设置丰富多样的特色课程供学

生自主选择。"环境素养培育"特色课程已经开发出50多门,如何不突破现有的课时标准要求开好这些课程,是我们一直在探索解决的问题。目前我们采取的方法是结合分类分层的课程设置,灵活机动地利用拓展型课程和研究型课程的课时数,根据每门课程的实际需求采用长短课程包的形式进行排课。具体的安排如表6-3至表6-6所示:

表6-3  2017学年"环境素养培育"特色课程高中部课时安排

| 序号 | 课程名称 | 课程类型 | 课时安排 | 选课说明 |
|---|---|---|---|---|
| 1 | 绿能源创新研究——绿色能源系列课程之二 | "环境·科技"类 | A层:1、2、3、4、5组合成短期课程包高一第一学期5*4课时/学期 B层:高一或高二第一学期40课时/学期 C层:高一第二学期40课时/学期,高二第一、第二学期15课时/学期 D层:根据学生需求设置课时 | A层:高一学生第一学期必修 B层:高一第一或第二学期学生选修 C层:高一第二学期学生选修 高二第一、第二学期学生选修 D层:可利用学生课余时间 |
| 2 | 水技术与环保基础综合课程——水技术与环保系列课程之一 | "环境·科技"类 | | |
| 3 | 人工湿地读本——水技术与环保系列课程之二 | "环境·科技"类 | | |
| 4 | 唯美校园 "维"美生命——校园植物系列研究之二 | "环境·科技"类 | | |
| 5 | 物理拓展课程——绿色能源系列课程之三 | "环境·科技"类 | | |
| 6 | 物候——气象系列课程之二 | "环境·科技"类 | A层:6、7、8、9、10组合成短期课程包,高一第一学期5、4课时/学期 B层:高一或高二第一学期40课时/学期 C层:高一第二学期40课时/学期,高二第一、第二学期15课时/学期 D层:根据学生需求设置课时 | A层:高一学生第一学期必修 B层:高一第一或第二学期学生选修 C层:高一第二学期学生选修 高二第一,第二学期学生选修 D层:可利用学生课余时间 |
| 7 | 基础机械课程——绿色能源系列课程之四 | "环境·科技"类 | | |
| 8 | 中华传统文化解读——中国古代哲思系列之二 | "环境·人文"类 | | |
| 9 | 以境养心——《青春系列读本》之一 | "环境·心理"类 | | |
| 10 | 精神家园——《青春系列读本》之四 | "环境·心理"类 | | |

(续表)

| 序号 | 课程名称 | 课程类型 | 课时安排 | 选课说明 |
|---|---|---|---|---|
| 11 | 气候与环境——气象系列课程之一 | "环境·科技"类 | A层：11、12、13、14、15组合成短期课程包，高一第二学期5×4课时/学期<br>B层：高一或高二第一学期40课时/学期<br>C层：高一第二学期40课时/学期，高二第一、第二学期15课时/学期<br>D层：根据学生需求设置课时 | A层：高一第二学期学生必修<br>B层：高一第一或二学期学生选修<br>C层：LTCC基于跨文化思维培育读本系列——科学思维课程之三暑期科学思维营<br>D层：可利用学生课余时间 |
| 12 | 气象概论——气象系列课程之三 | "环境·科技"类 | | |
| 13 | LTCC基于跨文化思维培育读本系列 | "环境·人文"类 | | |
| 14 | 尚礼明德概述——尚礼明德系列读本之一 | "环境·人文"类 | | |
| 15 | 天人合一观通俗读本——中国古代哲思系列之一 | "环境·人文"类 | | |
| 16 | 《情感世界》——青春系列读本之二 | "环境·心理"类 | A层：16、17、18、19、20组合成短期课程包，高一第二学期5×4课时/学期<br>B层：高一或高二第一学期40课时/学期 | A层：高一第二学期学生必修<br>B层：高一第一或二学期学生选修 |
| 17 | 《心灵世界》——青春系列读本之三 | "环境·心理"类 | | |
| 18 | 科学思维导引——科学思维系列课程之一 | 通识课程 | | |
| 19 | 科学方法概述——科学思维系列课程之二 | 通识课程 | | |
| 20 | 中国民族文化——民族团结教育系列读本(英文版)之二 | "环境·人文"类 | | |
| 21 | 高中生职业生涯规划导航 | "环境·心理"类 | A层：高二第一学期，20课时/学期<br>B层：高二第一学期，40课时/学期 | A层：高二第一学期学生必修<br>B层：高二第一学期学生选修 |

（续表）

| 序号 | 课程名称 | 课程类型 | 课时安排 | 选课说明 |
| --- | --- | --- | --- | --- |
| 22 | "环境素养培育"概要——环境通论之一 | 通识课程 | A层：高一第一学期，4课时，年级统一授课<br>B层：在冬季科学思维营期间实施 | A层：高一第一学期学生必修 |
| 23 | 全球环境问题概述（"互联网+"课程）——环境通论之二 | 通识课程 | A层：高一第一学期，10课时。授课方式：线上、线下讲座等形式<br>B层：在冬季科学思维营期间实施 | B层：高一第一学期学生选修 |
| 24 | 走进曹杨——高中学习适应性系列课程之一 | "环境·心理"类 | A层：高一新生暑期报到期间统一进行授课，每门2课时 | A层：高一第一学期学生必修 |
| 25 | 阅读曹杨——高中学习适应性系列课程之二 | "环境·心理"类 | | |
| 26 | 初高中衔接课程——高中学习适应性系列课程之三 | "环境·心理"类 | | |

表6-4　2017学年"环境素养培育"特色课程初中部课时安排

| 序号 | 课程名称 | 课程类型 | 课时安排 | 选课说明 |
| --- | --- | --- | --- | --- |
| 1 | 食育课程 | "环境·科技"类 | A层：六年级第一学期20课时/学期 | A层：六年级学生第二学期必修 |
| 2 | 《中学生心理健康读本》 | "环境·心理"类 | A层：六年级第一学期20课时/学期 | A层：六年级学生第二学期必修<br>B层：六年级学生第二学期选修 |

（续表）

| 序号 | 课程名称 | 课程类型 | 课时安排 | 选课说明 |
|---|---|---|---|---|
| 3 | 头脑OM课程 | "环境·科技"类 | A层：六年级第二学期10课时/学期<br>B层：六年级第二学期40课时/学期 | A层：六年级学生第二学期必修<br>B层：六年级学生第二学期选修 |
| 4 | 和睦相处·和衷共济·和谐发展——《民族团结教育系列读本》之一 | "环境·人文"类 | A层：六年级第二学期10课时/学期<br>B层：六年级第二学期40课时/学期 | A层：六年级学生第二学期必修<br>B层：六年级学生第二学期选修 |
| 5 | 礼仪美育——尚礼明德系列读本之二 | "环境·人文"类 | A层：七年级第一学期20课时/学期<br>B层：七年级第一学期40课时/学期 | A层：七年级学生第一学期必修<br>B层：七年级学生第二学期选修 |
| 6 | 交往礼仪文书——尚礼明德系列读本之三 | "环境·人文"类 | A层：七年级第二学期10课时/学期<br>B层：七年级第二学期40课时/学期 | A层：七年级学生第二学期必修<br>B层：七年级学生第二学期选修 |
| 7 | 能源知识概要——绿色能源系列课程之一 | "环境·科技"类 | A层：七年级第二学期10课时/学期<br>B层：七年级第二学期40课时/学期 | A层：七年级学生第二学期必修<br>B层：七年级学生第二学期选修 |
| 7 | 校园植物档案——校园植物系列研究之一 | "环境·科技"类 | A层：八年级第一学期20课时/学期<br>B层：八年级第一学期40课时/学期 | A层：八年级学生第一学期必修<br>B层：八年级学生第二学期选修 |
| 8 | 天气预报——气象系列课程之四 | "环境·科技"类 | A层：八年级第二学期20课时/学期<br>B层：八年级第二学期40课时/学期 | A层：八年级学生第二学期必修<br>B层：八年级学生第二学期选修 |

(续表)

| 序号 | 课程名称 | 课程类型 | 课时安排 | 选课说明 |
|---|---|---|---|---|
| 9 | 可持续发展教育案例 | "环境·科技"类 | A层：九年级第一学期4课时/学期<br>B层：冬季科学思维营时实施 | A层：九年级学生第一学期必修 |
| 10 | 《心灵驿站——中学生心理健康辅导读本》 | "环境·心理"类 | A层：九年级第二学期4课时/学期 | A层：九年级学生第二学期必修 |

表6-5  2017学年"环境素养培育"实践体验类课程高中部课时安排表

| 序号 | 课程名称 | 实施场所 | 课时安排 | 备注 |
|---|---|---|---|---|
| 1 | 校外场馆体验系列课程 | 上海博物馆等 | A层：高一第一学期6课时/学年 | |
| 2 | 校外拓展体验系列课程 | 中国极地研究中心 | A层：高一6课时/学年 | 暑假1天 |
| 3 | 校外拓展体验系列课程 | 上海老港固废综合利用基地 | A层：高二6课时/学年 | 暑假1天 |
| 4 | 校外拓展体验系列课程 | 吉博力公司 | A层：高二6课时/学年 | 暑假1天 |
| 5 | 校外拓展体验系列课程 | 东方绿舟 | A层：高一60课时/学年 | 5天，每天12课时 |
| 6 | 校外拓展体验系列课程 | 周边居委会（挂职锻炼） | A层：高二45课时/学年 | 暑假5天，每天9课时 |
| 7 | 环境心理课题研究系列 | 周边社区（心理社团） | B层：高一、高二12课时/学年 | 周末2天，每天6课时 |
| 8 | 实验室探究体验系列课程 | 学校专用实验室 | B层：高一、高二80课时/学期 | 每周5天午间，每天1课时 |

(续表)

| 序号 | 课程名称 | 实施场所 | 课时安排 | 备注 |
|---|---|---|---|---|
| 9 | 夏令思维训练营体验课程 | 学校专用教室 | B层:高一45课时/学期 | 暑假5天,每天9课时 |
| 10 | 冬令科学探索营体验课程 | 学校专用实验室 | B层:高一54课时/学年 | 寒假6天,每天9课时 |
| 11 | 学生自主管理系列课程 | 学生自主管理委员会专用教室 | B层:高一、高二年级16课时/学期 | 每周1天,每天1课时 |
| 12 | 学生自主管理系列课程 | 校园责任区 | B层:高一、高二年级16课时/学期 | 每天,每天0.5课时 |
| 13 | 学生自主管理系列课程(志愿者) | 宿舍(新高一入住) | B层:高二年级6时/学年 | 暑假1天 |
| 14 | 学生自主管理课程(志愿者) | 华文教育基地(接待) | C层:高一、高二 | 根据实际情况计算课时 |
| 15 | 校外拓展体验系列课程 | 周边公共场所 | C层:高一、高二6课时/学年 | 周末1天 |
| 16 | 海外游学系列课程 | 美国/德国 | C层:高一168课时/学年 | 暑假14天,每天12课时 |
| 17 | 环境科技项目研究系列 | 蒋巷村 | D层:高一36课时/学年 | 暑假3天,每天12课时 |
| 18 | 环境科技项目研究系列 | 安吉 | D层:高一36课时/学年 | 寒假3天,每天12课时 |
| 19 | 环境人文课题研究系列 | 绍兴 | D层:高一36课时/学年 | 寒假3天,每天12课时 |
| 说明 | 学生要在高中三年内完成60课时的课外实践。 | | | |

表6-6  2017学年"环境素养培育"实践体验类课程初中部课时安排表

| 序号 | 课程名称 | 实施场所 | 课时安排 | 备注 |
|---|---|---|---|---|
| 1 | 校外场馆体验系列课程 | 昆虫馆等 | A层:六、七年级第二学期6课时/学年 | |
| 2 | 校外场馆体验系列课程 | 玻璃馆等 | A层:八年级第二学期6课时/学年 | |
| 3 | 环境心理课题研究系列 | 周边社区(心理社团) | B层:六、七、八年级12课时/学年 | 周末2天,每天6课时 |
| 4 | 冬令科学探索营体验课程 | 学校专用实验室 | B层:在冬季科学思维营期间实施54课时/学年 | 寒假6天,每天9课时 |
| 5 | 学生自主管理系列课程 | 学生自主管理委员会专用教室 | B层:六、七、八年级16课时/学期 | 每周1天,每天1课时 |
| 6 | 学生自主管理系列课程 | 校园责任区 | B层:六、七、八年级16课时/学期 | 每天,每天0.5课时 |
| 7 | 海外游学系列课程 | 韩国人文交流 | B层:八年级60课时/学年 | 暑假5天,每天12课时 |

### 三、特色课程实施策略和方式的多样化

在现行的基础型课程中,各学科是独立的,界限分明,彼此之间基本没有什么联系。但是在实际生活中,我们面对和处理的生活事件或问题,用单一学科的知识和技能是无法解决的,分科孤立的知识在现实生活中并不存在。虽然工业化以来,分科教育培育了众多分领域的专业人才,但对于大多数普通人来说,过于孤立的学科知识无助于培养解决实际问题的能力。这促使我们调整原有的学科设置方式和学习方式。

脑科学的研究表明,人类的学习是以"模组"的方式进行的复杂的学习。并且,有效的学习应该做到"三化",即"意义化"(sinification)、"内化"

(internalization)和"类化"(generalization)的功能。所谓"意义化"是指学习者若仅针对"部分"进行学习时,不易看出其意义,只有把部分放在"全体"的脉络中去观察和思考,才能看出部分与部分,以及部分与全体的关系,从而真正了解其意义所在;"内化"是指学习的内容被糅合而储存到个人原有的心智结构中,成为个人整体知识系统的一部分。"类化"是指日后遇到类似情况时,可以触类旁通,广加运用。这便是我们常说的"知行合一""举一反三"。实践证明,采用课程统整的策略能帮助学生创造"模组",将知识和真实生活情景联结起来,促进其联结、组织和更深入地理解所学的概念,并迁移到另一个情境中[①],更有利于所学知识和技能的"意义化""内化"和"类化",从而提升学习效率。

(一)跨学科、体验式实施策略

"环境素养培育"特色课程既是对学科知识内容的拓展,又与日常生活密切相连,有助于打破单一学科的界限,转变传统课程实施策略。我们在实践中总结出跨学科内容整合、实地探究体验、"主题式"课程统整3种策略,符合"环境素养培育"课程的实施要求。

1. 跨学科内容整合策略

即课程的实施需整合两门或多门学科知识内容,例如"人工湿地"课程就需要运用化学、生物、物理、地理等多门学科知识和技能。学校鼓励学生在课程中进一步挖掘自己所想探究的问题,最后结合各学科的知识,自行研究加以解决,真正让学生感受现实世界解决问题的方式不可能只用单一学科就能解决,一定是跨学科整合的结果,而所学的知识也不应该只是他们用来应付作业和考试的工具,才能对知识主动产生尊重,产生渴望。学生经过这种跨学科知识的训练,能明显提高学生主动学习的意识和自主解决困难的能力,研究视野和资料整合能力也能得到大幅度提升,让学生真正享受到学习带来的喜悦。

2. 实地探究体验策略

即课程直接开设于实际的社会生活之中,与生活情景融为一体,如各门

---

① 杜政荣:课程统整的理念与实践[J].中国远程教育,2012(9)12:14.

实践体验课程。过去的传统课程重理论轻实践,教学场景也基本局限在学校课堂之内,有限的外出学习和实践也多流于形式,这就导致长期以来学生的知识获得比较浅薄,并没有通过实践来真正检验知识。而"环境素养培育"课程的特殊性,恰恰弥补了原有课程的短板,重实践,重户外,重体验,通过实地探究来开启学生对知识的兴趣和投入,最终从单一知识学习走向综合能力培育。

3. "主题式"课程统整策略

即从问题的解决切入,在解决问题的过程中统整不同的课程内容。例如,以"太阳能水培植物营养液自动调节装置设计制作"这一研究主题,就统整了"绿色能源""植物研究""机械基础"等特色课程内容和电路、溶液粒子浓度、计算机编程逻辑、加工工具使用等物理、化学、信息技术、劳动技术等学科的知识和技能。具体的"主题式"课程统整方式如图6-4所示:

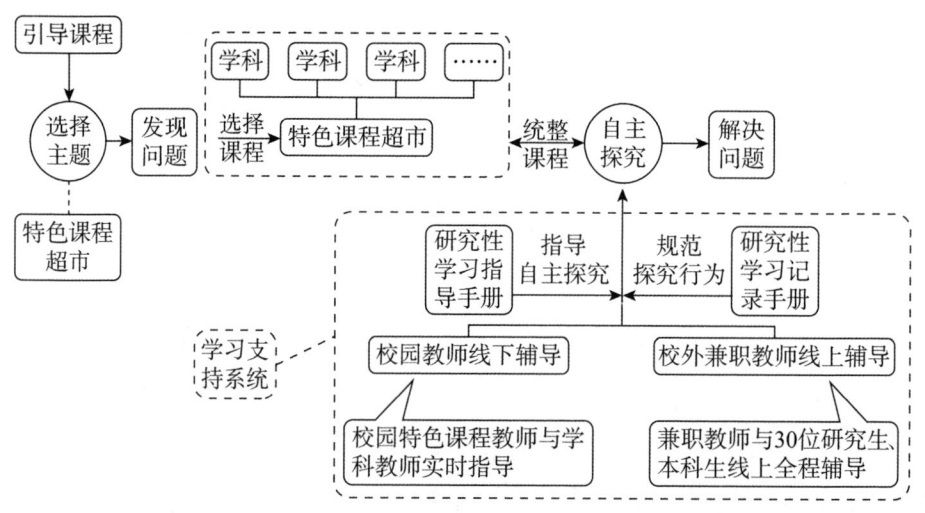

图6-4 "主题式"课程统整策略

【"主题式"课程统整案例】

"以我们所生活的这座现代化城市上海的环境为例,有哪些问题值得同学们去探究一番呢?"话音刚落,台下的同学就七嘴八舌地议论起来,雾霾、PM2.5、水质污染、城市绿化景观、海派文化背景,一百个曹杨学子心中就有一百

## 第六章 "环境素养培育"特色课程的实施和管理

个现代城市环境的问题。小李同学和小王同学所关心的是绿色能源的开发与利用,堵不如疏。他们都认为,只有找到更好的能源替代品,才能有效地改善城市的环境问题。这是我校"环境素养培育"特色课程教师袁老师在通识课程系列之一的"'环境素养培育'概要"课程中的一幕。

课后,怀揣着被激发起的好奇心,两位男生选择了"绿色能源系列课程",在课程学习中,他们了解了太阳能及风能的有关知识和相关应用,有了更扎实的知识储备;并且通过学校开设的环境通论系列以及科学思维与方法系列课程,聆听了各领域专家的讲座后,对新能源问题、环境问题等有了更广阔的认识,同时一个新问题也应运而生——中国政府为何要补贴新能源汽车,这些政策的背后有什么依据,又是否百利而无一害呢?

尽管课题的方向是一致的,但是两位同学最后所呈现的报告却不尽相同。

小王同学首先对政府政策进行了调查,进而汇总成表格,表格中涵盖了2001年至2013年,国家863计划新能源汽车重大专项项目启动之后的一系列政策,之后对这些政策,尤其是相关补贴在行业起步初期,对消费者购买的促进作用进行了分析,接着结合政府补贴的发展方向,探究了其如何影响系能源汽车行业的现状。但是小王同学通过"科学思维与方法系列课程"的学习,也意识到凡事总有两面性,因此进一步调研了企业研发补贴的负面作用,对国内新能源汽车制造企业骗补和违规谋补的情况进行了汇总,意识到补贴所反映出的一个问题:如何把钱发到需要的人手中,让真正在做技术,推动行业发展的企业获得应有的奖励。全文最后,总结了新能源汽车的总体发展趋势,得出了整个新能源汽车行业的发展都离不开政府政策的调控的结论。

而小李同学则是先利用所学的绿色能源知识,对新能源汽车进行了介绍,并且罗列了新能源汽车产业的一些相关政策,接着,对数学感兴趣的他试图通过查找有关资料以及自学,从经济学模型及博弈论的角度解析这些政策,尤其是补贴对新能源汽车行业的推进作用。在开展研究的过程中,小李同学接触到了诸如帕累托最优、信号传递博弈数模型、贝叶斯均衡等一系列经济学中的专业术语,尽管这些知识对当时尚处高一的他不算简单,但他凭借之前在学校各类课程中打下的基础，通过阅读文献一点点把这些问题攻克，最终从一个理性的角度得出结果，即并非一味地补贴就能够推动新能源汽车行业的发展，在政府制定补贴政策的背后有着复杂的数学模型。之后，他以通过计算所得到的结论对新能源汽车的补贴政策提出诸如加大财税政策支持力度，以减、免税为主等相关建议。

最终两位同学都将自己的研究结果写成了比较高质量的研究论文，当完成之后回顾自己融合了科技、数学、政治、经济等各学科的大作，他们不约而同地发出一句感叹："原来做一个研究，解决现实生活中的一个问题，需要用到这么多的学科知识。"

（本案例由曹杨中学特色课程教师袁胜轶提供）

上述实施策略，充分体现了"环境素养培育"特色课程的跨学科、重体验的特点，有利于将抽象的书本知识和具体的生活实际结合起来，激发学生的学习兴趣，丰富他们的学习体验。

（二）"组合式"实施方式

在"环境素养培育"课程的实施中遇到的一大难题就是时间和空间的限制。在实际操作中，如何既能有效实现三类课程有机统整和跨学科内容的整合，同时又能兼顾课程的普惠性和差异性，是我们一直探究的问题。通过实践探索，我们逐渐形成了多学科渗透、长短课时组合、独立设课、跨学科专题、分类分层选修等实施方式，较有效地解决了上述难题。

多学科渗透，主要是指"环境素养培育"通过不同学科的渗透有机地与基础型课程结合。

长短课组合，主要用于"环境素养培育"的 A 层要求，即每位学生必修的全校普及型课程，内容丰富但难度要求不高，根据课程的课时需要以不同长短学程课程包的方式实施。

独立设课方式，主要用于 B 层以上要求的课程，跨学科专题方式更多使用于 C 层以上的高阶课程，这些课程往往需要整合跨学科的知识和技能。

分类分层选修，是指在实施过程中让学生根据自己的兴趣和发展需要，对

A、B、C、D四个层面的"环境素养培育""3+2"特色课程(除了A层是必修之外)进行自主选择,最大限度地利用时间与空间,丰富自己的学习体验。

通过以上灵活多样的课程实施方式,结合学生的自主选课走班,尽可能大地利用校内的时间和空间,丰富学生的学习体验。

## 第三节 "环境素养培育"特色课程的管理

课程管理是课程系统工程的重要组成部分,是正确组织和实施课程系统工程、提高课程建设水平的客观要求。建构课程管理系统有助于加强国家课程、地方课程和学校管理课程,为课程建设提供组织上、制度上的保证。加强课程管理,可通过组织、协调、控制等手段,健全课程资源和相关条件。加强课程管理可以有力地保证和促进课程系统向正确的方向顺利进行,以达成预期的课程目标,发挥最大的效果。

特色课程是依据一定的特色教育目标所开发、实施的学校管理的校本课程,对特色课程开发、编订、实施等各个环节进行有效管理是学校课程管理的重要组成部分。特色课程通常是学校自主开发、实施的,往往缺乏有效的课程管理制度和机制,使特色课程系统无法正常、顺利地运行,特色课程系统的目标难以达成。为了避免这一问题,曹杨中学在"环境素养培育"特色课程系统建构时,十分重视对特色课程管理子系统的建设。

### 一、特色课程开发、编订阶段对课程设计的规范管理

我们在"环境素养培育"特色课程开发、编订的前期就对所要开发的课程制定了规范性的课程设计要求,开发特色课程的校内外人员根据规范要求,在调查、论证的基础上,填写《曹杨中学"环境素养培育"特色课程开发申请与论证表》和《曹杨中学"环境素养培育"特色课程方案编订阶段论证表》(见表6-7、表6-8),然后学校组织相关专家进行审查,提出修改意见和建议。负责开发编订特色课程的校内外人员在认真研究专家组审查意见并加以修改完善后,再进入课程编订阶段。

表 6－7 "环境素养培育"特色课程开发申请与论证表

| 课程开发设计情况 ||
|---|---|
| 课程名称 | |
| 所属课程群 | |
| 负责教师 | |
| 教学对象 | |
| 开发背景 | |
| 课程目标与价值取向 | |
| 课程主要内容与结构 | |
| 实施策略与方式 | |
| 初步实证评价 | |
| 所需配套资源 | |
| 课程开发设计论证 ||
| 课程目标 | □ 课程目标与教育目的和特色教育目标保持一致<br>□ 比较一致<br>□ 不甚一致 |
| | □ 课程目标具体清晰<br>□ 比较清晰<br>□ 不甚清晰 |
| | □ 课程目标全面、科学<br>□ 比较全面、科学<br>□ 不全面、科学 |
| | □ 课程目标能够细化成教学目标<br>□ 比较能够细化<br>□ 不能够细化 |
| | □ 课程目标符合现代社会对学生的需求和学生发展的需求，有利于培育学生的环境素养和学生的可持续发展<br>□ 比较符合<br>□ 不甚符合 |

(续表)

| 课程开发设计论证 | |
|---|---|
| 课程内容 | ☐ 课程内容符合已经确定的课程目标的要求,具有科学性<br>☐ 比较符合<br>☐ 不甚符合 |
| | ☐ 课程内容适切学生现有的知识结构和认知特点,具有时代性和启发性,突出实践能力的培养<br>☐ 较为适切<br>☐ 不甚适切 |
| 教材设计 | ☐ 教材设计合理,难度循序渐进,符合学生的认知规律<br>☐ 教材设计较为合理,部分章节有待修改<br>☐ 教材设计不甚合理,编排紊乱 |
| 课程实施 | ☐ 课程实施途径的选择科学,能够有效地达成课程目标,且实施途径和方式方法多样<br>☐ 课程实施途径的选择较为科学,基本能够达成课程目标,且实施途径和方式方法较为多样<br>☐ 课程实施途径的选择欠缺科学性,难以达成课程目标,且实施途径和方式方法单一 |
| | ☐ 课程实施策略有利于培养学生学习的自主性、创造性,且注意学生的个别差异<br>☐ 课程实施策略比较有利于培养学生学习的自主性、创造性,且比较关注学生的个别差异<br>☐ 课程实施策略忽视学生学习的自主性、创造性,不关注学生的个别差异 |
| | ☐ 课程实施策略具有灵活性、适切性<br>☐ 比较具有灵活性、适切性<br>☐ 不甚具有灵活性、适切性 |
| 课程资源 | ☐ 学校具备课程实施所需要的课程资源,或具备相应的解决途径和方法<br>☐ 学校具备一部分课程实施所需要的资源<br>☐ 学校不具备课程实施所需要的资源,且没有相应的解决途径和方法 |
| | ☐ 课程实施的成本合适,并且具备相应的成本控制措施<br>☐ 课程实施的成本较为合适,部分之处有待商榷<br>☐ 课程实施的成本不甚合适,且没有成本控制措施 |
| | ☐ 课程成本与课程效益之间的关系平衡<br>☐ 较为平衡<br>☐ 不平衡 |

（续表）

| 课程开发设计论证 ||
|---|---|
| 课程评价 | ☐ 课程评价方式多元，操作性强，关注学生学习的过程<br>☐ 课程评价方式较为多元，且操作性较强，比较关注学生学习的过程<br>☐ 课程评价方式单一，操作性差，只关注结果，不具备激励<br><br>☐ 课程评价方式适切，评价收集信息的渠道畅通<br>☐ 课程评价方式较为适切，评价收集信息的渠道较为畅通<br>☐ 课程评价方式不适切，无法畅通收集评价信息<br><br>☐ 课程评价能够真实反映学生的学业成就，并且能够为进一步提升课程质量提供有效的信息，成为课程教学的一个部分<br>☐ 课程评价较为能够反映学生的学业成就，能够为进一步提升课程质量提供一部分信息<br>☐ 课程评价不能够反映学生的学业成就，无法为提升课程质量提供信息 |
| 综合评价 | ☐ 课程设计完整，可以实施，教材可以试用<br>☐ 课程设计存在部分问题，需依据修改建议调整后方可开展<br>☐ 课程尚处开发阶段，需进行大幅度修正后，再进行论证，通过后方可实施 |
| 论证意见 | |

审核人

年　月　日

表6-8　"环境素养培育"特色课程方案编订阶段论证表

| 课程方案 ||
|---|---|
| 背景分析 | |
| 课程目标 | |
| 课程内容 | |
| 课时安排 | |
| 学分制管理 | |
| 课程评价 | |
| 课程保障 | |

(续表)

| 课程方案论证 ||
|---|---|
| 课程目标的恰当 | ☐ 符合现代社会对学生的需求和学生发展的需求,有利于培育学生的环境素养和学生的可持续发展<br>☐ 较符合<br>☐ 不符合 |
| 课程内容的适切 | ☐ 课程内容适切,符合学生现有的知识结构和学生认知特点,与基础型课程能够有机结合<br>☐ 所设置的课程较为适切<br>☐ 所设置的课程不甚适切 |
| 课程实施的途径 | ☐ 课程实施途径和方式的选择恰当,能够有效地达成课程目标,且实施途径和方式多样<br>☐ 课程实施途径和方式的选择较为科学,基本能够达成课程目标,且实施途径和方式较为多样<br>☐ 课程实施途径和方式的选择欠缺科学性,难以达成课程目标,且实施途径和方式单一 |
| 课程评价的多元 | ☐ 课程评价方式多元,操作性强,关注学生学习的过程<br>☐ 课程评价方式较为多元,且操作性较强,比较关注学生学习的过程<br>☐ 课程评价方式单一,操作性差,只关注结果,不具备激励 |
| 课程保障的到位 | ☐ 课程保障措施健全,校方为课程方案的落实做好了周全的准备,有利于课程长期良好地不断发展<br>☐ 课程保障措施较为健全<br>☐ 课程保障措施不甚健全 |
| 综合评价 | ☐ 课程方案科学全面且具可操作性,方案可以试用<br>☐ 课程方案存在部分问题,需结合修改建议调整后可开展<br>☐ 课程方案尚未考虑周全,存在较多不科学或不具备可操作性之处,需进行大幅度修正后,再进行论证,通过后方可实施 |
| 具体建议 |  |

审核人

年　月　日

## 二、特色课程实施前期对课程方案的论证评估

课程方案实施一段时间后,我们再请专家对实施的实际情况进行前期论证评估,填写《曹杨中学"环境素养培育"特色课程方案实施前期论证表》(见表6-9),开发和实施特色课程的校内外相关人员根据专家的论证意见对课程再进行进一步的完善。

表6-9 "环境素养培育"特色课程方案实施前期论证表

| 课程实施情况 | |
|---|---|
| 课程名称 | |
| 所属课程群 | |
| 负责教师 | |
| 教学对象 | |
| 课时安排 | |
| 课程实施途径 | |
| 教师适应程度 | |
| 学生参与程度 | |
| 学生反馈意见 | |
| 学生初步收获 | |
| 课程实施论证意见 | |
| 课程目标 | ☐ 课程目标实施时细化成教学目标,对教学目标进行了正确的三级目标分类<br>☐ 课程目标实施时部分细化成教学目标,对目标分类基本正确<br>☐ 课程目标实施时没有细化成教学目标,对目标分类混乱 |
| | ☐ 学生能够理解课程目标对他们提出的期望及提出的学习期望<br>☐ 学生能够理解<br>☐ 学生不能够理解 |
| | ☐ 课程目标能够实现<br>☐ 课程目标能实现<br>☐ 课程目标不能实现 |

（续表）

| | 课程实施论证意见 |
|---|---|
| 课程内容 | ☐ 学生对课程内容表现出明显兴趣,学习积极性高,乐于在课余时间主动查询相关知识,并探究尝试<br>☐ 学生对课程内容较为感兴趣,学习积极性一般<br>☐ 学生对课程内容毫无兴趣,处于被动接受知识状态 |
| | ☐ 课程难度学生能适应,能与基础型课程知识相联系<br>☐ 课程难度学生较为适应,对部分知识无法理解,可以将所学知识与基础型课程之间进行简单迁移<br>☐ 课程难度学生不适应,无法理解课程知识 |
| 课程实施 | ☐ 课时安排合理、恰当<br>☐ 较合理、恰当<br>☐ 不合理、恰当 |
| | ☐ 学校的课程资源能够有效支持课程实施所需<br>☐ 比较有效支持<br>☐ 无有效支持 |
| | ☐ 课程实施过程中,合理、有效地使用了学校、社区已经具备的课程资源<br>☐ 较为合理、有效使用<br>☐ 不太合理、有效使用 |
| | ☐ 教学时能够照顾到学生的个体差异<br>☐ 教学时较能够照顾到学生的个体差异<br>☐ 教学时未能够照顾到学生的个体差异 |
| | ☐ 课程实施中能与基础型课程结合自然,能体现环境素养培育的要求<br>☐ 课程实施中与基础型课程结合较为自然,基本可以体现环境素养培育的要求<br>☐ 课程实施中与基础型课程不能结合,未体现环境素养培育的要求 |
| 课程评价 | ☐ 在评价过程中,对学生采用全方位、多主体的发展性评价<br>☐ 在评价过程中,对学生采用较为全面的评价<br>☐ 在评价过程中,对学生采用简单的评价方式,无法体现发展性 |
| 教师适应程度 | ☐ 教师能够很好地适应课程,能够实现课程期望达成的目标<br>☐ 教师较能够适应课程,基本可以实现课程所期望达成的目标<br>☐ 教师对课程的理解困难,无法适应该课程 |

(续表)

| | 课程实施论证意见 |
|---|---|
| 学生学习成效 | □ 学生能够以课程为载体，提升环境素养，提高创新精神和实践能力，并且形成初步成果<br>□ 学生通过该课程学习能够提升一定的环境素养、创新精神和实践能力，形成简单的成果<br>□ 学生少有收获，无法形成成果 |
| 综合评价 | □ 课程实施后符合预期目标和要求，可以根据实施反馈意见再进行进一步开发完善后继续实施<br>□ 课程实施后较为符合预期目标和要求，需要对部分内容进行修改调整后，继续试行<br>□ 课程实施后无法达到预期目标和要求，需要重新对课程进行开发设计，再论证后实施 |
| 论证意见 | |

审核人

年　月　日

通过上述课程管理措施大大减少了课程开发和实施的随意性，从而使我校的特色课程在开发、编订和实施前期就走上较为科学、规范之路。

### 三、特色课程实施阶段的学分制管理制度

所谓学分制，是指以学生对课程的选修为前提和基础，以学分为计量单位来衡量学生学习课程的经历、能力等学习情况的课程管理制度；而学分制管理是以学分作为计量单位记录学生的选课修习情况，并以此对学生修习课程的过程进行管理。实施学分制要求学校建立配套选课指导制度，让学生在教师的指导下，自主选择学习课程、主讲教师、学习时间，帮助学生制订属于自己的学习计划和课程表，拥有自主学习内容和学习时间，为学生全面而又个性化发展创造条件。

曹杨中学以满足学生个性发展、促进多元智能开发、推动特色课程建设为出发点，构建了具有多种选择性、个性化教育等特点的"环境素养培育"特色课程体系。根据特色课程的特点，每学期以学分制的方式对学生的学习情况进行考核，并纳入对学生的综合评价体系之中，促进学生综合素质评价制度的完善。

我校的学分制管理,设立 A、B、C、D 四档学分(见表 6-10),其中 A 档为全员性学分要求,即我校每位学生必须修满最低要求的学分,才能准予毕业。同时设立"赤子"系列奖学金,鼓励有兴趣、有能力的学生争获高档次学分。

表 6-10 "环境素养培育"特色课程学分要求

| 评价项目 | 学会 | | | | 年级 |
| --- | --- | --- | --- | --- | --- |
| | A | B | C | D | |
| "环境·人文"类课程 | 2 | 3 | 4 | 5 | 高一上 |
| "环境·心理"类课程 | 2 | 3 | 4 | 5 | 高一下 |
| "环境·科技"类课程 | 2 | 3 | 4 | 5 | 高一 |
| | 2 | 3 | 4 | 5 | 高二 |
| "实践体验"类课程 | 4 | 6 | 8 | 10 | 高一至高三 |
| 与基础型课程结合(文科) | 3 | | | | |
| 与基础型课程结合(理科) | 3 | | | | |

《"环境素养培育"特色课程的学分评定和管理办法》的具体要求如下:

(一) 实施原则

学生"环境素养培育"特色课程成绩评定采用学分制,每位高中学生三年所修习的特色课程的最低学分为 18 分。

由任课老师负责所教班级学生的考核,并根据学生在学习过程的综合表现及终结性测评,认定学分,上报学校学分认定小组审核。

出勤率未达到规定课时 80% 的学生,不能获得相应的学分。

凡在国家、市级各类竞赛中获奖的学生,经学生本人申请,经校学分认定小组认定,可免修相应类别的特色课程,即可获得该课程对应的学分,但最多不能超过 6 分。

(二) 评分办法

1. "环境·人文"类课程、"环境·科技"类课程和"环境·心理"类课程

这三类课程从两个维度对学生予以考核,即过程性评价与终结性测评。过程性评价,主要考核、信息来源、出勤和学习状况;终结性测评主要考查、表现性

活动。

学生获得学分的基本条件为达到课程规定的修习时间,学习过程评价良好;参加相关教师组织的考查,成绩合格。具体实施细则如下:

(1) 学生修习时间至少达到规定课时的80%以上;修习过程中态度认真,积极、主动参与教学活动,独立完成作业,完成作业次数占布置作业总量的80%以上;考查成绩合格。以上三方面均达标的学生获得相应课程的A层学分2分("环境·人文"类课程、"环境·科技"类课程、"环境·心理"类课程A层学分数各为2分)。

(2) 学生除了参加全员性普及型课程学习外,还根据自己的兴趣和特长选修参加"环境·人义"类课程、"环境·科技"类课程、心理环境相应拓展课的学习。修习时间至少达到拓展课规定课时的80%以上,学习过程表现良好,参加拓展课考试(考查)成绩合格,可获得B层奖励学分1分。

(3) 为了鼓励学生积极参与学校"环境素养培育"特色课程学习,学校每年分年级或全校组织"环境素养培育"特色课程的展示评比活动,参与展示评比活动的学生可获得C层奖励学分1分。

(4) 学生参加教育行政部门认可的市、区级以上环境类知识、技能、创新等各项比赛受到表彰或奖励的,可获得D层奖励学分1分。

2. 实践体验类课程

(1) 学生在高中三年累计参加环境教育社会实践活动的次数至少达到课程规定次数的80%以上,活动过程积极主动且每次均能独立完成实践活动总结或报告的,可获得A层学分4分。

(2) 学生除参加全员性环境类社会实践外,还利用课余或假期时间参加学校各类环境特色社团、科学探索营、思维训练营等主题实践活动或成为校外社区环境志愿者的,可获得B层奖励学分1分。

(3) 学生参加实践体验类课程,并以个人或小组形式针对某一课题进行深入研究,形成课题研究报告,并获得指导教师认可,可获得C层奖励学分1分。

(4) 学生参加实践体验类课程,课题研究报告在市、区级以上进行交流或获得奖项;学生学习研究的成果辐射校外社区,并得到认可。这两项均可获得

D层奖励学分1分。

3. 与基础型课程相结合

（1）学生利用在基础型课程中所学到的相关知识，提出解决环境问题的设想或方案，并撰写小论文或开展实验论证的，根据达成度状况，可获得学分1—3分。

（2）学生利用在基础型课程中所学到的相关知识，创作和环境相关的文学、艺术作品或自主开展以环境为主题人文交流活动，可获得学分1—3分。

### 三、学校特色课程的管理形成机制

在多年的探索实践中我们深刻地认识到如果缺乏科学、严格的课程管理，无论是课程理念还是课程目标都无法得到最终贯彻和达成。因此，在"环境素养培育"特色课程系统的构建和实施中，我校建立了特色课程的管理机制。

（一）机构设立

为了更有效地对"环境素养培育"特色课程进行管理，我校在机构设立上进行一些改革，专门设立了特色课程领导小组、特色课程研究中心和特色课程教研组。

特色课程领导小组，以校长为组长负责特色课程的顶层设计、课程方案制订等发展举措的决策工作。

特色课程研究中心，负责管理特色课程的研发、实施、评价等工作。

特色课程教研组，负责组织教师对特色课程教学中的具体问题开展探索研究，寻找解决的途径和方法。此外，还参与特色课程的研发、日常教学活动的过程监控和评价工作。

（二）人员配置

除了"环境素养培育"特色课程的专设机构人员外，参与特色课程管理的人员还包括校内视导小组的成员（主要来源于教务、政教、后勤等常规部门），负责定期开展特色课程的综合视导工作；特色课程教师，负责对特色教学活动的管理；特色实验室和特色场馆的管理人员，负责特色场馆的日常管理；后勤管理人员，负责特色课程设施设备的日常维护。

(三) 制度保障

我们建立了一系列有利于特色课程有序有效实施的规章制度,主要包括特色课程的研发管理、特色课程的实施过程管理、特色课程教师的管理三个方面的制度。特色课程研发的制度有:《曹杨中学"环境素养培育"特色程申报审议制度》《曹杨中学"环境素养培育"特色课程开设论证制度》《曹杨中学"环境素养培育"特色课程方案论证制度》《曹杨中学"环境素养培育"特色课程实施论证制度》《曹杨中学区域共享课程实施管理制度》《曹杨中学区域共享课程学生管理制度》等。特色课程实施过程管理的制度有:《曹杨中学"环境素养培育"特色课程实施方案》《曹杨中学"环境素养培育"特色课程常规管理制度》《曹杨中学"环境素养培育"特色课程教学视导细则》《曹杨中学"环境素养培育"特色课程学分评定和管理办法》等。特色课程教师管理的制度有:《曹杨中学课程中心工作人员职责》《曹杨中学"环境素养培育"特色课程教师奖励方案》《曹杨中学校"环境素养培育"特色课程校外兼职教师管理办法》等。

(四) 过程监控

"环境素养培育"特色课程的过程监控工作主要由特色课程研究中心负责,对特色课程实施的全过程进行实时监控。此外,由教导处、政教处、总务处等部门人员组成的联合校内视导小组定期(每学期期中一次)对课程的实施情况进行综合视导,采取听课、问卷、访谈、考查等多种方式对课程的实施过程进行监控、诊断,对视导中发现的问题进行汇总、分析,视导结果和整改建议及时反馈给特色课程领导小组和特色课程研究中心。特色课程教研组也在特色课程研究中心的指导下参与对特色课程教学活动的过程监控。

"环境素养培育"特色课程与学科教学相比,更具情景化、重实践、跨学科等特点,需要在实施的过程中采取不同的策略和方法。因此,我校在实际操作中无论是所采用主题式统整的策略还是多学科渗透的方式,其目的都是为了丰富学生的学习体验,提升灵活运用跨学科知识解决问题的能力,由此促进了教师教学方式和学生学习方式的改善。此外,为了使特色课程与现行课程有机统合起来,还通过嵌入式、渗透式、主题式实施策略,使特色课程实施与基础型课程有机结合、与拓展型课程广泛整合、与研究型课程深度融合,将特色课程融入国家课程教学之中,解决了"两张皮"问题。某种程度上说,这一系列的实践探索也是一种课程实施方式的创新。在课程管理上,我校从机构设立、人员配置、制度保障、过程监控等各个环节,根据特色课程的特点和需要采取了针对性的措施。实践证明,这些举措有效地促进了"环境素养培育"特色课程的实施,更好地发挥了其特色育人功能。

# 第七章 "环境素养培育"特色课程的评价系统

特色课程评价系统是我校"环境素养培育"特色课程体系的评价系统中非常重要的子系统,它是继课程目标、课程内容、课程实施、课程管理子系统之后,构建特色课程系统不可或缺的重要组成部分。

课程评价子系统是对课程目标的设定、课程内容和课程计划的编订及其实施过程和效果进行价值判断的活动。课程评价的最主要目的是为了改进、完善课程和改进教与学提供依据。

我校环境素养培育特色课程系统的评价子系统,主要包括对特色课程的发展性评价,对特色课程实施过程中教师教学活动的评价和对学生学习活动的评价。

## 第一节 "环境素养培育"特色课程的发展性评价

课程发展性评价是根据一定的课程价值观,通过系统地收集信息、资料,运用一定的科学手段和方法,对课程建设的规划、课程目标的设定、课程内容和课程计划的编订、课程资源的开发使用、课程评价的设计等做出价值判断,从而为课程的改进、完善和发展提供决策的依据。

"环境素养培育"特色课程是我校依据"大环境"育人理念,自主开发的校本课程,属于学校管理的课程,学校有较大的自主权和自由度。正因为如此,为避免学校特色课程建设的随意性、简单化,自觉地对已经开发和实施的特色课程进行发展性评价就显得尤为重要。

曹杨中学高度重视对已开发、实施的特色课程进行旨在改进课程、促进

# 第七章 "环境素养培育"特色课程的评价系统

课程健康发展的评价,除了通过特色课程的教学活动评价和特色课程的学生学习评价来收集信息,还十分重视在课程实施后从教师和学生对课程本身的评价反馈中获得改进和完善课程的意见和建议。我校专门设计了《"环境素养培育"特色课程发展性评价表》(见表7-1),通过自评和他评的方式收集评价信息,然后再由学校课程建设领导小组组织相关人员(包括有关方面的专家)成立评审组,对本校开发实施的特色课程逐一进行旨在促进课程改进、发展的评价,并将评审组的意见反馈给课程开发者和实施者,指导他们对现有的特色课程进行修订、完善。通过课程发展性评价,有效地促进了我校特色课程系统的健康发展。

表7-1 "环境素养培育"特色课程发展性评价表

特色课程名称:_____ 开发课程教师:_____ 总分:_____

| 序号 | 一级指标 | 权重系数 | 序号 | 二级指标 | 权重 | 评价等级 | | | | 得分 |
|---|---|---|---|---|---|---|---|---|---|---|
| | | | | | | A(5) | B(4) | C(3) | D(2) | |
| Ⅰ | 课程开发设计 | 0.15 | Ⅰ-1 | 体现"环境素养培育"特色发展理念的程度 | 0.4 | | | | | |
| | | | Ⅰ-2 | 所开发课程具有时代性、创新性的状况 | 0.6 | | | | | |
| Ⅱ | 课程目标设定 | 0.15 | Ⅱ-1 | 体现本校特色育人目标的程度 | 0.4 | | | | | |
| | | | Ⅱ-2 | 体现课程三维目标、四个领域要求的状况 | 0.6 | | | | | |
| Ⅲ | 课程内容编订 | 0.35 | Ⅲ-1 | 内容科学,具有时代性、启发性的程度 | 0.3 | | | | | |
| | | | Ⅲ-2 | 内容适切,适合大多数学生认知和学习水平的状况 | 0.2 | | | | | |

(续表)

| 序号 | 一级指标 | 权重系数 | 序号 | 二级指标 | 权重 | 评价等级 A(5) | B(4) | C(3) | D(2) | 得分 |
|---|---|---|---|---|---|---|---|---|---|---|
| Ⅲ | 课程内容编订 | 0.35 | Ⅲ-3 | 注重理论联系实际，实验操作系统研发，实践能力培养的状况 | 0.3 | | | | | |
| | | | Ⅲ-4 | 符合知识逻辑顺序，整体结构合理，课程计划和章节、课时安排恰当的程度 | 0.2 | | | | | |
| Ⅳ | 课程资源开发使用 | 0.15 | Ⅳ-1 | 对相关教育资源的开发使用得当的程度 | 0.4 | | | | | |
| | | | Ⅳ-2 | 对现代教育技术运用适当、多样的状况 | 0.6 | | | | | |
| Ⅴ | 课程评价设计 | 0.2 | Ⅴ-1 | 对课程实施（教学活动）的评价，注重多元评价、过程评价的状况 | 0.5 | | | | | |
| | | | Ⅴ-2 | 对学生学习活动的评价，体现学生主体性，评价方式方法多样化的状况 | 0.5 | | | | | |

说明：

1. 评价等级赋值为：A-5分、B-4分、C-3分、D-2分。

2. 指标权重即权重系数，是该评价指标在整体指标中所占重要程度的比率。一般为"1"表示整体，以"0.X"表示部分。

3. 评价者只需根据该指标实际状况（程度）在该评价等级格的某一等级格内打"√"即可。

4. 统计人员将评价者的评价得分，以"加权求和法"即可得出该评价表所得总分。

总之,通过对课程的发展性评价,全程监测"环境素养培育"特色课程计划的实施、课程目标的达成以及课程资源的配置等情况,为课程的进一步改进和完善提供依据,从而推动课程的不断完善和发展。

## 第二节 "环境素养培育"特色课程教师教学(指导)活动评价

对教师(指导者)教学(指导)活动的评价是依据课程和教学目标对教学(指导)过程及结果进行价值判断,并为课程和教学(指导)改进服务的活动。对教师(指导者)教学(指导)活动评价主要包括对教学(指导)过程中教师(指导者)教学(指导)内容、教学(指导)方法手段、教学(指导)环境、教学(指导)管理诸因素的评价,重点是对教师教学(指导)工作全过程的评价。

我校对"环境素养培育"特色课程教师(指导者)教学(指导)活动评价系统的建设,开展了以下实践探索:

### 一、建构富有特色的教师(指导者)教学(指导)活动评价指标系统

我校对特色课程教师(指导者)教学(指导)活动的评价,不仅指向课堂内教师(指导者)的教学(指导)活动,而且包括课外、校外的环境实践体验类课程教师(指导者)指导学生学习和实践的活动。为实施评价的操作方便,我校编制了《环境素养培育特色课程教师(指导者)教学(指导)活动评价表》。(见表7-2)

表7-2 "环境素养培育"特色课程教师(指导者)教学(指导)活动评价表

特色课程名称:_____ 开发课程教师:_____ 总分:_____

| 序号 | 一级指标 | 权重系数 | 序号 | 二级指标 | 权重 | 评价等级 | | | | 得分 |
| --- | --- | --- | --- | --- | --- | --- | --- | --- | --- | --- |
| | | | | | | A(5) | B(4) | C(3) | D(2) | |
| Ⅰ | 教学(指导)活动目标 | 0.2 | Ⅰ-1 | 目标具体、恰当的程度 | 0.4 | | | | | |
| | | | Ⅰ-2 | 体现特色课程三维目标和四个领域要求 | 0.3 | | | | | |
| | | | Ⅰ-3 | 体现本校特色育人目标 | 0.3 | | | | | |

（续表）

| 序号 | 一级指标 | 权重系数 | 序号 | 二级指标 | 权重 | 评价等级 | | | | 得分 |
|---|---|---|---|---|---|---|---|---|---|---|
| | | | | | | A(5) | B(4) | C(3) | D(2) | |
| Ⅱ | 教学（指导）活动内容 | 0.2 | Ⅱ-1 | 体现本校特色发展理念的程度 | 0.1 | | | | | |
| | | | Ⅱ-2 | 内容科学，具有时代性、启发性的程度 | 0.4 | | | | | |
| | | | Ⅱ-3 | 内容适切，适合大多数学生认知和学习水平的状况 | 0.2 | | | | | |
| | | | Ⅱ-4 | 注重理论联系实际和实验操作系统研发，重视实践能力和创新精神培养的状况 | 0.3 | | | | | |
| Ⅲ | 教学（指导）活动过程 | 0.3 | Ⅲ-1 | 教师教（指导）的方式多样，富有启发性、能调动学生自主学习的积极性的状况 | 0.2 | | | | | |
| | | | Ⅲ-2 | 学生学习活动方式多样，体现主体性、互动性的状况 | 0.2 | | | | | |
| | | | Ⅲ-3 | 注重激发学生学习兴趣、主动参与、合作探究的程度 | 0.2 | | | | | |
| | | | Ⅲ-4 | 注重实验实践，做中学、学中做、重体验的程度 | 0.2 | | | | | |
| | | | Ⅲ-5 | 现代教育技术运用恰当、多样的状况 | 0.2 | | | | | |

(续表)

| 序号 | 一级指标 | 权重系数 | 序号 | 二级指标 | 权重 | 评价等级 A (5) | B (4) | C (3) | D (2) | 得分 |
|---|---|---|---|---|---|---|---|---|---|---|
| Ⅳ | 教学（指导）活动效果 | 0.3 | Ⅳ-1 | 学生自主学习能力、探究能力、实践能力发展的状况 | 0.4 | | | | | |
| | | | Ⅳ-2 | 学生学习成果呈现（研究报告、调研报告、实验报告、作品制作等）的状况 | 0.4 | | | | | |
| | | | Ⅳ-3 | 教师有教后反思、有改进设想的状况 | 0.2 | | | | | |

说明：

1. 评价等级赋值：A为5分、B为4分、C为3分、D为2分。
2. 指标权重即权重系数，为该评价指标在整个指标中所占重要程度的比率。一般以"1"表示整体，以"0.x"表示部分。
3. 评价者只需根据该指标实际达成程度（状况），在该评价等级栏内打"√"即可。
4. 统计人员将评价者的评价得分，以"加权求合法"即可得出该评价表所得总分。

## 二、设置特色课程教师（指导者）教学（指导）活动观测点

为了有效开展教学评价，我们编制了评价特色课程教师（指导者）教学（指导）活动的5个维度的若干个观测点。

### （一）教师（指导者）在教学（指导）活动前对学生学习准备的指导

学习前准备是特色课程教师（指导者）开展教学（指导）活动前的一项重要准备工作，是学生开展自主学习的重要组成部分。学习前准备效果的好坏，直接影响到教学（指导）的效率、质量以及学生自学能力的养成。因此，我们认为有效指导学生开展学习前准备是对教师（指导者）教学（指导）工作评价的重要内容之一。具体有以下几方面观测点：

引导学生对探究与实践主题的预先准备。

引导学生就信息查询和分析整理的方法和路径进行学习。

引导学生以科学的态度对待实践和研究的主题。

对学生即将开展的探究与实践进行必要的论证方法指导。

(二) 教师(指导者)在教学(指导)活动过程中对学生探究学习和实践体验的指导

教学(指导)活动既是一个帮助学生掌握知识和技能的过程,也是一个开展实践、丰富体验的过程。在教学(指导)过程中教师(指导者)要树立学生是学习主体的意识,并充分体现他们的主动性、能动性、参与性、创造性,提高他们自主学习意识和探究问题的能力。对教师(指导)教学活动过程的评价,有以下方面的观测点:

营造一个允许发生错误和允许设计发生变化的学习探究环境。

善于创设没有预设答案的问题让学生进行探索。

对学生自主探究与实践给予必要的指导。内容包括指导学生自主确定探究与实践内容、自主开发探究与实践资源、自主选择探究与实践方法、自主选择实践和探究伙伴等。

能指导学生自主设计具有一定科学性的研究方案。

必要的指导支持和放手让学生自主探究的有机结合。

引导学生对探究与实践过程不断进行反思并加以改进。

(三) 教师(指导者)对学生形成探究与实践成果的指导

探究与实践活动成果的形成及其展示交流过程在培养学生的实践能力和创新精神方面发挥着重要作用。学生活动成果的形成及其展示需要教师(指导者)大量的指导,教师(指导者)既不能包办代替,也不能放任自流。适当的建议、点拨、积极参与,是对学生形成探究与实践活动成果给予的最有力支持和肯定。具体有以下几方面的观测点:

指导学生呈现富有个性和特色的研究成果的情况。

指导学生富有感染力和个性特色地展示自己成果的状况。

对学生成果进行专业性的指导与参与的程度。

(四) 教师(指导者)对学生自评、互评的引导

评价主体的多元化是我校"环境素养培育"课程评价系统的重要特征之一。

教师(指导者)要引导学生积极参与自我评价和相互评价,让学生清楚参与自评、互评的标准和方法,正确引导学生观察和分析问题,引导学生客观、公正对自己和他人探究与实践成果进行评价,同时正确地对待别人的意见和建议,认真吸取有价值的信息,并在今后的探究和实践活动中加以改进。为此,我们设计如下观测点:

保护学生的探究兴趣和创造力。

引导学生做出客观的自我评价。

引导学生对同伴提出中肯的意见与建议。

引导学生认识同伴的贡献和良好的协作方式。

(五) 教师(指导者)对自身教学(指导)活动的反思

教学(指导)反思,是教师(指导者)对教育教学(指导)实践的再认识、再思考,并以此来总结经验教训,进一步提高教育教学(指导)水平。有如下具体观测点:

对自己教学(指导)活动的反思与自我评价。

学生学习案例记录,如一个激发学生好奇心的初始事件;一个引导学生自主解决问题的方案或方法;一个学生发现的有价值的问题和有效解决措施的设计等。

事实证明,通过对教学(指导)活动的过程进行多维度、多层面的教学观测点设置和多维度、多层面的考察和监测,使以往教学(指导)活动评价系统更加趋于完善,有利于督促教师(指导者)实时监控自身教学活动,有利于学校从宏观和微观两个层面更加全面地把握特色课程教学(指导)过程,加强师生教学互动,增进师生教与学的获得感、成就感,为改进"环境素养培育"特色课程的教学(指导)工作提供全面、可靠的信息。

## 第三节 "环境素养培育"特色课程学生学习活动评价

在"环境素养培育"特色课程的评价系统中,我们不仅要对教师(指导者)的教学(指导)活动进行评价,而且要对学生的学习活动进行评价。

## 一、构建富有特色的学生学习活动评价指标

"环境素养培育"特色课程的学习要求学生更多地自主参与探究,在实践体验中习得。因此,我校在评价指标的设计上充分体现学生在特色课程各个环节学习中的主体作用(见表7-3、表7-4)。

表7-3 "环境素养培育"特色课程学生学习活动评价表("环境·科技"类/实践体验类)

| 学生姓名 | | 年级 | | 学号 | | 课程名称 | | |
|---|---|---|---|---|---|---|---|---|
| 阶段 | 评价指标 | 评价等级和标准 | | | | | | 评价结果 |
| | | 不合格 | 合格 | | 良 | | 优 | |
| 学前准备 | 资料查询 | 没有进行资料查询,或者查询内容与课题主题不符 | 查询了相关资料,内容能反映与课题主题相关的信息,但不够全面 | | 查询了相关资料,内容全面,对课题探究有一定的价值 | | 查询了相关资料,并对资料进行了分析、甄别和整理,能为课题探究提供有价值的材料 | |
| | 学习动机 | 被动,没有参与意识 | 愿意参与,并有积极准备的意愿 | | 对课程感兴趣,积极进行准备 | | 对课程动机基于道德判断和对科学的探究,积极进行各方面的准备 | |
| | 预判与设想 | 没有预判与应对设想 | 对探究行为可能产生的环境影响、安全问题、探究结果有初步的常识性预判与应对设想 | | 通过资料查询,对探究行为可能产生的环境影响、安全问题、探究结果进行了预判与应对设想 | | 通过两种及以上的科学研究方法对探究行为可能产生的环境影响、安全问题、探究结果进行了预判与应对设想 | |

# 第七章 "环境素养培育"特色课程的评价系统

(续表)

| 阶段 | 评价指标 | 评价等级和标准 | | | | 评价结果 |
|---|---|---|---|---|---|---|
| | | 不合格 | 合格 | 良 | 优 | |
| 学习过程 | 自主选择能力 | 对探究内容、方式等没有选择的意愿和能力 | 能够进行选择,但不够合理 | 能够根据需要,通过协商、调整,做出一定的选择 | 能够综合各方面因素,做出有利于研究活动开展的合理选择 | |
| | 操作技能 | 操作技能差,出现较多的不规范操作行为 | 能按操作要求比较规范地进行操作 | 能按操作要求规范地操作 | 操作规范、熟练、灵巧 | |
| | 设计/创新能力 | 不能进行自主设计/没有显示出创新的意识或能力 | 能够进行设计,但不够合理/有一定创新设想 | 设计较好,合理可行/有可行的创新设计 | 设计合理可行有亮点/创新设计有亮点,且可行 | |
| | 反思修正能力 | 不能发现问题进行反思 | 能发现问题,有一定的反思能力,但不能很好地修正 | 有反思意识,能发现问题,并能进行较好的修正 | 反思意识较强,能敏锐发现问题,提出建议,及时修正完善 | |
| | 团队合作意识 | 没有团队合作意识 | 有团队意识,但合作不够有效 | 团队意识较强,能开展合作 | 团队意识强,能有效开展合作,并展现出较好的领导才能 | |
| 即时效果呈现 | 内容 | 没有成果或在内容、形式、结论上有较多错误或存在抄袭现象 | 内容正确,但不够全面 | 内容正确、全面,体现了较强的实践能力 | 内容正确、全面,与主题匹配,体现了较强的实践能力和创新能力 | |
| | 形式 | | 形式合理,但不够新颖 | 形式多样,比较新颖 | 形式多样、新颖、独特 | |
| | 结论 | | 结论正确,但应用性不够 | 结论科学,有一定的实用和推广价值 | 科学、实用,具有很好的推广价值 | |
| 总体评价结果 | | | | | | |

表7-4 "环境素养培育"特色课程学生学习活动评价表("环境·人文"类)

| 学生姓名 | | 年级 | | 学号 | | 课程名称 | |
|---|---|---|---|---|---|---|---|
| 阶段 | 评价指标 | 评价等级和标准 | | | | | 评价结果 |
| | | 不合格 | 合格 | 良 | 优 | | |
| 学前准备 | 资料查询 | 没有进行资料查询，或者查询内容与课题主题不符 | 查询了相关资料，内容能较好地反映与课题主题相关的信息，但不够全面 | 查询了相关资料，内容全面，对课题探究有一定的价值 | 查询了相关资料，并对资料进行了分析、甄别和整理，能为课题探究提供有价值的材料 | | |
| | 学习动机 | 被动，没有参与意识 | 愿意参与，并有积极准备的意愿 | 对课程感兴趣，积极进行准备 | 对课程动机基于道德判断和对科学的探究，积极进行各方面的准备 | | |
| | 预判与设想 | 没有预判与应对设想 | 对研究的价值、意义有初步的常识性预判与应对设想 | 通过资料查询，对研究的意义、价值进行了预判与应对设想 | 通过两种及以上的科学研究方法，对研究的意义、价值进行了预判与应对设想 | | |
| 学习过程 | 自主选择能力 | 对探究内容、方式等没有选择的意愿和能力 | 能够进行选择，但不够合理 | 能够根据需要，通过协商、调整，做出一定的选择 | 能够综合各方面因素，做出有利于研究活动开展的合理选择 | | |
| | 设计/创新能力 | 不能进行自主设计/没有显示出创新的意识或能力 | 能够进行设计，但不够合理/有一定创新设想 | 设计较好，合理可行/有可行的创新设计 | 设计合理可行、有亮点，切实可行/展现出一定的创新能力 | | |

(续表)

| 阶段 | 评价指标 | 评价等级和标准 | | | | 评价结果 |
|---|---|---|---|---|---|---|
| | | 不合格 | 合格 | 良 | 优 | |
| 学习过程 | 反思修正能力 | 不能发现问题进行反思 | 能发现问题,有一定的反思能力,但不能很好地修正 | 有反思意识,能发现问题,并能进行较好的修正 | 反思意识较强,能敏锐发现问题,提出建议,及时修正完善 | |
| | 团队合作意识 | 没有团队合作意识 | 有团队意识,但合作不够有效 | 团队意识较强,能开展合作 | 团队意识强,能有效开展合作,并展现出较好的领导才能 | |
| 即时效果呈现 | 内容 | 没有成果或在内容、形式、结论上有较多错误或存在抄袭现象 | 内容正确,能体现环境情意的变化和行为的转变,但不够全面 | 内容正确、全面,能体现环境情意的变化和行为的转变,有案例支撑 | 内容正确、全面,论证科学合理,较好体现环境情意的变化和行为的转变,案例有典型性 | |
| | 形式 | | 形式合理,但不够新颖 | 形式多样,比较新颖 | 形式多样、新颖、独特 | |
| | 结论 | | 结论正确,但应用性不够 | 结论科学,具有应用性 | 结论科学,具有较强的可行性和推广价值 | |
| 总体评价结果 | | | | | | |

## 二、设置学生学习活动评价的观测点

为了对学生学习活动的评价更为客观、有效,我们编制了对学生参与特色课程学习过程进行评价的若干观测点:

(一) 学习前准备状况

(1) 了解所学习的相关主题。例如,是否已进行资料查阅(采用的方法与途径)。

(2) 对相关主题的动机,包括基于兴趣爱好的动机、基于道德判断的动机、基于科学探究的动机等。

(3) 学习前对探究与实践的预判,即学习能够对实践探究可能产生的影响、结果等进行预判。例如,对环境产生何种影响、实践探究结果的假设,并能采取的安全保障措施等。

(二) 学习过程中的状况

(1) 自主做出选择。学生能够对实践探究的内容、实践探究的方法、实践探究的伙伴等做出选择。

(2) 探究与实践步骤的设计。学习活动设计是否体现出合理性、科学性和可操作性。

(3) 探究与实践过程中的表现,包括操作规范、行动有效、团队协作等。

(4) 探究与实践过程中的反思与改进,包括对实践项目及实施过程进行反思、对实践项目及实施过程提出改进建议。

(三) 探究与实践即时效果呈现的状况

(1) 内容的适切性、可行性。

(2) 形式的合理性、多样性。

(3) 结论的科学性、应用性。

(四) 学生自评和他评

对探究与实践过程设计的评价。

对探究与实践中表现的自我评价。

对同伴表现的相互评价。

通过对学生学习过程进行多维度的全面观测,可以对学生的学习活动过程做出具有可观测性、可操作性的评判。学习评价系统的精细化,能让学生对自身学习状态有更清晰的认识,从而更积极主动地参与到对自我的学习状况评价中来,改变被动的心理状态,唤醒学习主体意识,从根本上增强学习积极性和主动性。

我们认为,通过评价系统来全面监测和评估学生参加"环境素养培育"特色课程学习和实践活动的过程和所取得的效果,并将它纳入学生综合素质评价系统之内具有重要的现实意义。

经过多年的探索实践,我校在"环境素养培育"课程实施的过程中,结合监控和反馈信息,主动、定期地开展自我评估,对课程目标、课程设置、课程内容、课程实施等方面进行全面评价,力求通过对课程的评价,以具体真实的教学数据采集、分析和反馈,完善课程内容和实施方式,提高"环境素养培育"的实效,探索出一条符合我校师生发展需求的课程建设路径,在创新实践中深化学校的特色育人理念、提升学校特色品位、形成富有"环境素养培育"特色的校园文化。

# 第八章　学生环境素养评价体系的构建

曹杨中学原是借用"新生态范式"(NEP)、美国中学生环境素养测评、中国台湾大学生环境素养测评等量表,从环境态度、环境知识、环境行为、环境技能、心理健康5个维度,通过问卷调查的方式对学生的环境素养水平实施评价。例如,2016年我校曾以536名高中生和上海市其他中学的170名高中生为样本开展环境素养评价,通过对比了解我校学生的环境素养水平,对我校"环境素养培育"特色课程(项目)的实施成效进行评估,为"环境素养培育"工作的持续改进提供依据。在实施评价的过程中,暴露出原有测评量表的不足:所借用国外环境素养测评量表是面向社会公众的,不完全适用于中学生;在测评维度上,偏重于人与自然环境之间相关素养的评价,缺少了对人与社会环境之间相关素养的评价,调查工具使用单一,无法全面、客观地反映出学生的环境素养;由于调查时间的局限,不可能对学生进行长期观察,而对学生环境素养的评价需要较长期的动态评价。

随着"环境素养培育"特色教育的深入开展,评价上的短板逐渐凸显。为此,我们启动了上海市级教育科研课题"高中生环境素养评价体系的构建与实践研究",着手进一步的探索实践。我们对已有国内外文献进行分析研究,明确了研究的思路和方向,围绕人与自然环境、人与社会环境、人与心理环境之间相关素养的3个维度构建了学生环境素养评价指标和评价标准系统,确定了概括性问题评价的调查工具,初步构建了科学、全面的"大环境"视域中学生环境素养评价体系。

学生环境素养评价体系以评价指标系统(含评价标准系统和评价计量系统)为主,同时辅以概括性问题评价,两种评价形式相结合,相辅相成。

## 第一节　学生环境素养评价指标系统的构建

评价的指标系统是整个评价体系的基础。评价的指标系统应该与学校的育人目标相匹配,以评价学校的育人成效。

学生环境素养评价指标系统是基于本校的育人目标和环境素养培育目标构建的。参考布卢姆的教育目标分类学,我校将育人目标分为4个维度,即认知与观念领域——大视野、宽领域,情感与态度领域——明责任、敢担当,思维与方法领域——善思辨、会创新,实践与行为领域——懂自律、能力行。根据"大环境"(自然环境、社会人文环境以及人自身心理环境)育人理念,我校从自然环境、社会人文环境、心理环境三方面素养的视角对育人目标进行了校本化、体现特色育人的具体阐释(参见第四章第二节)。

学生环境素养评价指标系统以评价学生环境素养为目标,分为3个层级的指标:以人与自然环境相关方面的素养、人与社会环境相关方面的素养、人自身心理环境3个方面的素养为一级指标,以认知与观念、情感与态度、思维与方法、实践与行为4个领域为二级指标,再细化为若干条具体的可观察测定的三级指标。

通过特尔斐法(专家咨询法)对初步拟出的各级指标进行筛选后确定,我们构建了学生环境素养评价指标系统(见表8-1)。

表8-1　学生环境素养评价指标系统表

| 序号 | 一级指标 | 序号 | 二级指标 | 序号 | 三级指标 |
|---|---|---|---|---|---|
| I | 人与自然环境方面的素养 | I-1 | 认知与观念领域 | I-1.1 | 对自然环境基础知识的掌握 |
| | | | | I-1.2 | 对天人合一观的认知 |
| | | | | I-1.3 | 对环境政策法规的认知 |
| | | I-2 | 情感与态度领域 | I-2.1 | 对环境问题的敏感度 |
| | | | | I-2.2 | 对环境保护的重视度 |
| | | | | I-2.3 | 对环境保护的责任感 |

(续表)

| 序号 | 一级指标 | 序号 | 二级指标 | 序号 | 三级指标 |
|---|---|---|---|---|---|
| I | 人与自然环境方面的素养 | I-3 | 思维与方法领域 | I-3.1 | 如何看待自然环境问题 |
| | | | | I-3.2 | 如何分析自然环境问题 |
| | | | | I-3.3 | 掌握处理自然环境问题的基本方法 |
| | | I-4 | 实践与行为领域 | I-4.1 | 关心、爱护自然环境 |
| | | | | I-4.2 | 传播环保知识和方法 |
| | | | | I-4.3 | 劝阻影响环境的行为 |
| II | 人与社会环境方面的素养 | II-1 | 认知与观念领域 | II-1.1 | 对社会环境基础知识的掌握 |
| | | | | II-1.2 | 对多元文化观的认知 |
| | | | | II-1.3 | 对社会伦理道德观的认知 |
| | | II-2 | 情感与态度领域 | II-2.1 | 对社会主流价值观的态度 |
| | | | | II-2.2 | 对社会伦理道德观的态度 |
| | | | | II-2.3 | 对社会公德和规范的态度 |
| | | II-3 | 思维与方法领域 | II-3.1 | 如何看待社会环境对人的影响 |
| | | | | II-3.2 | 如何分析社会环境对人的影响 |
| | | | | II-3.3 | 掌握正确处理社会关系的基本方法 |
| | | II-4 | 实践与行为领域 | II-4.1 | 关心、尊重、包容他人 |
| | | | | II-4.2 | 主动承担家庭和社会的基本责任 |
| | | | | II-4.3 | 维护和遵守社会公德与政策法规 |

(续表)

| 序号 | 一级指标 | 序号 | 二级指标 | 序号 | 三级指标 |
|---|---|---|---|---|---|
| III | 人自身心理环境方面的素养 | III-1 | 认知与观念领域 | III-1.1 | 对心理健康知识的掌握 |
| | | | | III-1.2 | 对生命价值观的认知 |
| | | | | III-1.3 | 对情绪管理重要性的认知 |
| | | III-2 | 情感与态度领域 | III-2.1 | 对生命的珍爱 |
| | | | | III-2.2 | 对自我的悦纳 |
| | | | | III-2.3 | 对挫折的抗压 |
| | | III-3 | 思维与方法领域 | III-3.1 | 如何一分为二地看待自己 |
| | | | | III-3.2 | 如何以发展变化的思维看待外部世界 |
| | | | | III-3.3 | 掌握情绪管理的基本方法 |
| | | III-4 | 实践与行为领域 | III-4.1 | 友善乐群、愿沟通合作 |
| | | | | III-4.2 | 能管理、调适自己的情绪 |
| | | | | III-4.3 | 能正确面对挫折和困难 |

## 第二节　学生环境素养评价标准系统的构建

依据已构建的评价指标系统,我们形成了与之匹配的评价标准系统。该评价标准以定性标准为主,定量标准为辅,对评价指标的末级指标(即三级指标)采用了期望评估标准,即用评语式的描述语言提出对每项末级指标的期望要求。

将环境素养评价标准系统与评价指标系统合成,便形成了《学生环境素养评价标准系统表》(见表 8-2)。

表 8-2 学生环境素养评价标准系统表

| 序号 | 三级指标 | 评价标准 | 评价等级 | | | | 获取评价信息的方法 |
|---|---|---|---|---|---|---|---|
| | | | A | B | C | D | |
| I-1.1 | 对自然环境基础知识的掌握 | 对自然环境基础知识的掌握程度 | 很好地理解并掌握 | 大部分理解并掌握 | 基本掌握 | 掌握不够 | 测验法、问卷法 |
| I-1.2 | 对"天人合一观"的认知 | 对"天人合一观"的理解和认同程度 | 理解并赞同 | 了解并赞同 | 基本了解 | 不够了解 | 问卷法、访谈法 |
| I-1.3 | 对环境政策法规的认知 | 对我国环境政策法规的知晓、理解程度 | 很高 | 较高 | 一般 | 不够 | 问卷法、观察法、查阅资料 |
| I-2.1 | 对环境问题的敏感度 | 发现和辨别周围所发生环境问题的敏锐程度 | 很高 | 较高 | 一般 | 不够 | 问卷法、观察法、查阅资料 |
| I-2.2 | 对环境保护的重视度 | 对所发生环境问题的关注程度和表明态度的情况 | 很关注,态度积极鲜明 | 较关注,态度积极 | 一般 | 不够 | 问卷法、观察法、查阅资料 |
| I-2.3 | 对环境保护的责任感 | 对环境保护的责任感和主动采取行动的程度 | 强 | 较强 | 一般 | 不够 | 问卷法、观察法、查阅资料 |
| I-3.1 | 如何看待自然环境问题 | 以辩证思维看待技术、经济发展与环境保护关系的正确程度 | 强 | 较强 | 一般 | 不够 | 问卷法、访谈法、查阅资料 |

(续表)

| 序号 | 三级指标 | 评价标准 | 评价等级 A | 评价等级 B | 评价等级 C | 评价等级 D | 获取评价信息的方法 |
|---|---|---|---|---|---|---|---|
| I-3.2 | 如何分析自然环境问题 | 分析产生环境问题的原因、走向、后果等方面的正确程度 | 强 | 较强 | 一般 | 不够 | 问卷法、访谈法、查阅资料 |
| I-3.3 | 掌握处理自然环境问题的基本方法 | 掌握基本的处理环境问题的方法(报告、劝阻、督促、环保技术等等)的情况 | 掌握多种方法 | 掌握常见方法 | 了解一些方法 | 不够了解 | 观察法、查阅资料 |
| I-4.1 | 关心、爱护自然环境 | 关心环境问题、自觉采取爱护环境行为(克制对物质的过度追求、资源循环使用等)的情况 | 很关心、自觉爱护 | 比较关心、有相关行动 | 尚能关注 | 不够关注 | 观察法、查阅资料 |
| I-4.2 | 传播环保知识和方法 | 向家庭成员、亲朋好友、社区居民等传播环保知识和方法的情况 | 积极主动 | 比较积极 | 尚能 | 不够 | 观察法、查阅资料 |
| I-4.3 | 劝阻影响环境的行为 | 劝阻周边人的不环保行为,宣传环保对人类的重要性的情况 | 主动劝阻、积极影响 | 比较主动 | 偶尔能劝告 | 不够 | 观察法、访谈法 |
| II-1.1 | 对社会环境基础知识的掌握 | 对社会人文环境基础知识的掌握程度 | 很好地理解并掌握 | 大部分理解并掌握 | 基本掌握 | 掌握不够 | 测验法、问卷法 |

(续表)

| 序号 | 三级指标 | 评价标准 | 评价等级 | | | | 获取评价信息的方法 |
|---|---|---|---|---|---|---|---|
| | | | A | B | C | D | |
| II-1.2 | 对多元文化观的认知 | 对多元文化观正确认识和理解的程度 | 理解并赞同 | 了解并赞同 | 基本了解 | 不够了解 | 问卷法、访谈法 |
| II-1.3 | 对社会伦理道德观的认知 | 对社会伦理道德观的正确认识和理解的程度 | 正确认识并理解 | 较能正确认识并理解 | 有所认识,基本理解 | 认识不够 | 问卷法、访谈法 |
| II-2.1 | 对社会主流价值观的态度 | 对社会主义核心价值观认同态度的状况 | 高度认同,积极践行 | 高度认同 | 认同 | 不够 | 问卷法、访谈法、查阅资料 |
| II-2.2 | 对社会伦理道德观的态度 | 对社会伦理道德观认同态度的状况 | 高度认同 | 认同 | 基本认同 | 不够 | 问卷法、访谈法、查阅资料 |
| II-2.3 | 对社会公德和规范的态度 | 对社会公德和规范认同态度的状况 | 高度认同 | 认同 | 基本认同 | 不够 | 问卷法、访谈法、查阅资料 |
| II-3.1 | 如何看待社会环境对人的影响 | 辩证看待社会环境对人生存发展所产生影响的正确程度 | 正确 | 大部分正确 | 基本正确 | 正确率低 | 问卷法、访谈法、查阅资料 |
| II-3.2 | 如何分析社会环境对人的影响 | 科学分析社会环境对人生存发展所产生影响的全面程度 | 全面 | 较全面 | 一般 | 欠缺 | 问卷法、访谈法、查阅资料 |

(续表)

| 序号 | 三级指标 | 评价标准 | 评价等级 A | 评价等级 B | 评价等级 C | 评价等级 D | 获取评价信息的方法 |
|---|---|---|---|---|---|---|---|
| II-3.3 | 掌握正确处理社会关系的基本方法 | 掌握正确处理各种社会关系基本方法（尊重、平等、合作、共享等）的状况 | 掌握多种方法 | 掌握常见方法 | 了解一些方法 | 不够了解 | 问卷法、观察法、查阅资料 |
| II-4.1 | 关心、尊重、包容他人 | 以尊重、关心、友善、真诚、包容的态度对待他人的表现 | 好 | 较好 | 一般 | 不够 | 观察法、查阅资料 |
| II-4.2 | 主动承担家庭和社会的基本责任 | 主动承担对家庭和社会基本责任，态度积极程度 | 积极、主动 | 有一定的主动性 | 一般 | 不够 | 观察法、查阅资料 |
| II-4.3 | 维护和遵守社会公德与政策法规 | 自觉遵守、宣传政策法规，主动维护社会公德的情况 | 自觉性强 | 有一定的自觉性 | 一般 | 不够 | 观察法、查阅资料 |
| III-1.1 | 对心理健康知识的掌握 | 对心理健康基本知识的掌握情况 | 很好地理解并掌握 | 大部分理解并掌握 | 基本掌握 | 掌握不够 | 问卷调查、测验法 |
| III-1.2 | 对生命价值观的认知 | 对生命价值观的正确认识和理解的程度 | 正确认识并理解 | 较能正确认识并理解 | 有所认识，基本理解 | 认识不够 | 问卷法、访谈法 |

(续表)

| 序号 | 三级指标 | 评价标准 | 评价等级 | | | | 获取评价信息的方法 |
|---|---|---|---|---|---|---|---|
| | | | A | B | C | D | |
| III-1.3 | 对情绪管理重要性的认知 | 对自我调适、管理情绪重要性的认识和理解的程度 | 正确认识并理解 | 较能正确认识并理解 | 有所认识,基本理解 | 认识不够 | 问卷法、访谈法 |
| III-2.1 | 对生命的珍爱 | 对自身、他人生命的珍惜、爱护程度 | 高 | 较高 | 一般 | 不够 | 问卷法、观察法、查阅资料 |
| III-2.2 | 对自我的悦纳 | 对自身能力和发展前景正确分析,以及自信、乐观、积极上进的情况 | 好 | 较好 | 一般 | 不够 | 问卷法、观察法、查阅资料 |
| III-2.3 | 对挫折的抗压 | 对困难、挫折的积极乐观、沉着应对、坚忍不拔的情况 | 好 | 较好 | 一般 | 不够 | 问卷法、观察法、查阅资料 |
| III-3.1 | 如何一分为二地看待自己 | 能以一分为二的辩证思维看待自我、认识自我的状况 | 好 | 较好 | 一般 | 不够 | 问卷法、观察法、查阅资料 |
| III-3.2 | 如何以发展变化的思维看待外部世界 | 能以发展变化的思维看待他人(家人、师长、朋友等)、看待社会变化的状况 | 好 | 较好 | 一般 | 不够 | 问卷法、观察法、查阅资料 |

(续表)

| 序号 | 三级指标 | 评价标准 | 评价等级 | | | | 获取评价信息的方法 |
|---|---|---|---|---|---|---|---|
| | | | A | B | C | D | |
| III-3.3 | 掌握情绪管理的基本方法 | 对自我情绪控制、调适和管理等基本方法的掌握情况 | 好 | 较好 | 一般 | 不够 | 问卷法、观察法、查阅资料 |
| III-4.1 | 友善乐群、愿沟通合作 | 对他人能友善相处,以及乐于沟通、善于合作的情况 | 好 | 较好 | 一般 | 不够 | 观察法、访谈、查阅资料 |
| III-4.2 | 能管理、调适自己的情绪 | 面对产生应激情绪的局面能沉着应对,并快速调适和管理自己情绪的状况 | 好 | 较好 | 一般 | 不够 | 观察法、访谈法、查阅资料 |
| III-4.3 | 能正确面对挫折和困难 | 具备正确应对挫折、克服困难的能力、毅力及其践行情况 | 好 | 较好 | 一般 | 不够 | 观察法、访谈法、查阅资料 |

## 第三节　学生环境素养评价计量系统的构建

在学生环境素养评价中,有了评价指标及其评价标准系统,就能对各项评价指标做出定性的价值判断,但是还难以做出相对准确的价值认定,也难以对评价对象(学生)的环境素养做出综合评判。因此,我们还必须从定性转向定量,将定性与定量结合起来,这就需要进行计量化处理,构建评价计量系统。

学生环境素养评价计量系统主要由加权、计分、误差调整等基本要素所构成。加权,即赋予"权重系数",对各项评价指标赋予不同的"权重系数"。评价指标"权重系数"是指某项评价指标在整体评价指标系统中的价值大小和相对重要程度,以及按照所占比例的大小所赋予的量化值。根据各项指标在整体评价指标系统中的价值大小和重要程度,对它们分别赋予不同的"权重系数"(简称权数、权重),这个过程就叫加权。

本评价体系的指标权重系数采用"特尔斐法"(专家咨询法)来确定。"特尔斐法"是在匿名的情况下,对有关方面的专家进行数次个别问卷调查,每次调查之后,将分析结果与修正后的问卷分别发给受调查专家,专家再根据反馈意见重新进行评判。这样经过多次反复咨询,受调查的专家们的意见便呈逐步收敛趋势,趋于基本相同。通过这种专家咨询法所确定的各项指标的权重系数,就相对客观,较为科学。

本评价体系所确定的指标权重系数采用了小数的数字形式。这就是将整个指标系统视为一个整体,每项指标就是这个整体的组成部分。如果将这个整体作为1,各个组成部分所占比例的小数加起来就等于1。指标的权重系数采用小数来表示,就能较细微地反映各项指标的价值差异。据此,我们构建了本评价指标系统中的权重分配表(见表8-3)。

表8-3 学生环境素养评价指标权重系数分配表

| 一级指标 | | | 二级指标 | | | 三级指标 | | |
|---|---|---|---|---|---|---|---|---|
| 序号 | 指标内容 | 权重 | 序号 | 指标内容 | 权重 | 序号 | 指标内容 | 权重 |
| I | 人与自然环境方面的素养 | 0.4 | I-1 | 认知与观念领域 | 0.3 | I-1.1 | 对自然环境基础知识的掌握 | 0.4 |
| | | | | | | I-1.2 | 对天人合一观的认知 | 0.3 |
| | | | | | | I-1.3 | 对环境政策法规的认知 | 0.3 |
| | | | I-2 | 情感与态度领域 | 0.2 | I-2.1 | 对环境问题的敏感度 | 0.2 |
| | | | | | | I-2.2 | 对环境保护的重视度 | 0.4 |
| | | | | | | I-2.3 | 对环境保护的责任感 | 0.4 |
| | | | I-3 | 思维与方法领域 | 0.2 | I-3.1 | 如何看待自然环境问题 | 0.4 |
| | | | | | | I-3.2 | 如何分析自然环境问题 | 0.3 |
| | | | | | | I-3.3 | 掌握处理自然环境问题的基本方法 | 0.3 |
| | | | I-4 | 实践与行为领域 | 0.3 | I-4.1 | 关心、爱护自然环境 | 0.4 |
| | | | | | | I-4.2 | 传播环保知识和方法 | 0.4 |
| | | | | | | I-4.3 | 劝阻影响环境的行为 | 0.2 |
| II | 人与社会环境方面的素养 | 0.4 | II-1 | 认知与观念领域 | 0.3 | II-1.1 | 对社会环境基础知识的掌握 | 0.4 |
| | | | | | | II-1.2 | 对多元文化观的认知 | 0.3 |
| | | | | | | II-1.3 | 对社会伦理道德观的认知 | 0.3 |
| | | | II-2 | 情感与态度领域 | 0.2 | II-2.1 | 对社会主流价值观的态度 | 0.4 |
| | | | | | | II-2.2 | 对社会伦理道德观的态度 | 0.3 |
| | | | | | | II-2.3 | 对社会公德和规范的态度 | 0.3 |

(续表)

| 一级指标 | | | 二级指标 | | | 三级指标 | | |
|---|---|---|---|---|---|---|---|---|
| | | | II-3 | 思维与方法领域 | 0.2 | II-3.1 | 如何看待社会环境对人的影响 | 0.2 |
| | | | | | | II-3.2 | 如何分析社会环境对人的影响 | 0.4 |
| | | | | | | II-3.3 | 掌握正确处理社会关系的基本方法 | 0.4 |
| | | | II-4 | 实践与行为领域 | 0.3 | II-4.1 | 关心、尊重、包容他人 | 0.4 |
| | | | | | | II-4.2 | 主动承担家庭和社会的基本责任 | 0.3 |
| | | | | | | II-4.3 | 维护和遵守社会公德与政策法规 | 0.3 |
| III | 人自身心理环境方面的素养 | 0.2 | III-1 | 认知与观念领域 | 0.3 | III-1.1 | 对心理健康知识的掌握 | 0.4 |
| | | | | | | III-1.2 | 对生命价值观的认知 | 0.3 |
| | | | | | | III-1.3 | 对情绪管理重要性的认知 | 0.3 |
| | | | III-2 | 情感与态度领域 | 0.2 | III-2.1 | 对生命的珍爱 | 0.3 |
| | | | | | | III-2.2 | 对自我的悦纳 | 0.4 |
| | | | | | | III-2.3 | 对挫折的抗压 | 0.3 |
| | | | III-3 | 思维与方法领域 | 0.2 | III-3.1 | 如何一分为二地看待自己 | 0.3 |
| | | | | | | III-3.2 | 如何以发展变化的思维看待外部世界 | 0.3 |
| | | | | | | III-3.3 | 掌握情绪管理的基本方法 | 0.4 |
| | | | III-4 | 实践与行为领域 | 0.3 | III-4.1 | 友善乐群、愿沟通合作 | 0.3 |
| | | | | | | III-4.2 | 能管理、调适自己的情绪 | 0.3 |
| | | | | | | III-4.3 | 能正确面对挫折和困难 | 0.4 |

本评价体系中评价计量系统的另一个要素是分等记分,对各项指标对照评价标准做出价值判断,给出相应的等级,再给相应等级赋予分值,以便完成"定性—分等—赋予分值—计分"的"二次量化"过程。

本评价体系中评价计量系统对评价结果分等采用偶数分等制,划分为"A""B""C""D"4个等级,这就避免了采用奇数分等制在评价中会因为评价者的折中心理而产生的评价结果"趋中化"倾向。本评价体系计量系统中评价等级赋予分值的办法是:"A"等级相当于传统评分法"5分制"中的5分,"B"等级为4分,"C"等级为3分,"D"等级为2分。即使个别学生没有达到合格标准,但也不是完全不具备相关方面的素养,因此"D"等级为2分也是符合实际的。

本评价体系中评价计量系统的误差调整,是对评价过程中可能出现的偶然性的随机误差和带有全局性的系统误差,采用适当的方法加以校正、调整。例如,实施中证明某些指标值并非必不可少,可以用相对较为重要的新指标替代;某些指标权重系数不尽合理,可以根据评估反馈信息加以调整校正,赋予新的权重系数。

## 第四节　学生环境素养评价体系中概括性问题评价

对学生环境素养评价体系的总体设计,我们主要采取了两种评价形式:一是评价指标体系,构建了学生环境素养评价指标系统及其标准系统、计量系统;二是概括性问题评价。这两种形式各有其优越性和局限性,我们将两者结合起来,相互补短,各扬其长,评价的信度和效度大大提高。

### 一、为什么要采用概括性问题评价形式

教育评价作为评价判断过程,是以预先设定的目标为基准去判断被评价对象是否达到了预设的目标。但是由于相当多的目标是比较抽象、表述笼统、弹性较大的,很难转化为具体化、可检测的评价指标,即使勉强转化成为评价指标,也是针对性较差、指向不够明确、难以检测的。况且从目标转化为各级指标,到了末级指标时,这末级指标与预设目标可能已经发生了偏差或转移,致使评价的效度不够高。比如本评价体系中的Ⅰ-1.2指标"对天人合一观的认知"、Ⅱ-1.2"对多元文化观的认知"等类指标,因其较为抽象、表述笼统、弹性较大,就使评价者难以准确

把握，难以正确检测，成为指标评价系统实施操作中的难题。

概括性问题评价则是针对评价指标系统的局限性而提出的以概括性问题来进行价值判断的评价形式。概括性问题一般针对性较强、能反映评价对象的个性，而且不需要经过目标向指标的转化，评价的目标指向一般不会改变或转移，因此，评价的效度较高。

概括性问题评价既可以单独使用，也可以与指标系统评价结合使用，使所收集的评价信息更为丰富全面，使评价的信度得到提高。因此，本评价体系采取了指标评价和概括性问题评价相结合，通过由概括性问题组成的问卷和访谈（座谈），更全面地收集评价信息，使评价指标系统能更好地实施，使学生环境素养评价体系具有较高的信度和效度。

## 二、如何选好概括性问题进行评价

如何选好概括性问题是用概括性问题进行评价的关键所在。

第一，我们要选取那些在评价中急需解决的、比较重要的问题，而不是选用那些对评价无关紧要、意义不大的枝节性问题。

第二，我们要选取那些调查目标指向单一的问题，即一个问题中只包括一个调查指标，只询问一件事情。如果一个问题中包含两个及以上的调查指标，即同时询问几个问题，受调查者（受访谈者）就难以回答。

第三，我们要选取那些既要符合调查目的，又要注意必须是不带倾向性的问题。带有某种倾向性问题对受调查者（受访谈者）会有某种诱导作用，即诱使受调查者（受访谈者）按照提问者（调查者）的观点及其倾向性来回答问题。这样调查的结果就不可能客观真实。

第四，我们所选的问题，要符合受调查者（受访谈者）的实际情况，对所选问题的表述要清晰、准确，问题表述不能含义模糊不清或产生歧义，令人无法回答。所选问题应该在受调查者（受访谈者）能理解的范围内，要充分考虑他们的认知水平、文化背景等。问题表述的语言要通俗易懂，不能使用抽象的概念，慎用专业词汇，以免受调查者（受访谈者）因无法正确理解而答非所问。

第五，我们在编制（提出）问题时还要注意采用受调查者（受访谈者）乐于接受、愿意回答的措辞和表述方式，力戒使用居高临下、诘问式等会引起受调查者(受访谈者)反感、厌烦的语句和句式。尽量用委婉的词语和探讨的语气来表述,尽量用间接和投射的方式来调查所需了解的问题,还可以假设一种情况,让受调查者(受访谈者)基于情境回答问题。

在选好概括性问题后,我们便可以设计和编制调查问卷或访谈提纲实施概括性问题评价。

## 第五节 学生环境素养评价中获取评价信息的主要方法

### 一、问卷法是本评价体系获取评价信息的基本方法

问卷调查是调查法中的常用方法,与其他调查方法相比,最大的特点是调查问卷的标准化。问卷是评价方根据调查的目的和调查的主题以及不同的调查对象,以不同的呈现形式(如限制式问卷、开放式问卷等)来进行设计和编制的。问卷所得的结果可以用事先设计的统计分析方法做标准化的处理。问卷调查一般不要求被调查者署名。这种调查形式的匿名性,可以消除被调查者填写问卷时的顾虑,能够相对客观、真实地回答问题、提供信息,从而提高调查和评价的信度。我们只要按照某一种调查目的和主题、某一评价指标要求来精心设计和编制一份问卷,就可以同时向众多的调查对象(从几人、几十人到成百上千人)进行调查,从而获取大量的评价信息。可见问卷调查的效率要比访谈(座谈)等其他调查方法的效率要高得多。因此,本评价体系在获取某评价指标信息时,将问卷法作为一种基本方法予以采用。

### 二、访谈法是本评价体系获取评价信息的常用方法

访谈法是指通过访谈者(调查者、评价者)和受访谈者(被调查的对象)面对面地交谈来了解受访谈者(简称受访人)的心理和行为的调查研究方法。在调查比较复杂的问题时,访谈法可以向不同类型的人了解不同类型的信息,以便使所收集评价信息更加全面。我们采用的访谈法有正式的,也有非正式的。正式的访谈一般计划性比较强,有预设的访谈计划和访谈提纲,收集评价信息比较系统,指向比较清楚。但如果访谈者缺乏谈话艺术,或者访谈的问题比较尖锐,受访者在面对这种定向性强的访谈时,往往会产生不愿配合甚至抗拒的

心理,所回答的问题要么答非所问、语焉不详,要么挂一漏万、不够真实。访谈还可以采取非正式的方法,即访谈者和受访人在多种场合不拘形式地交谈,这时访谈者会成为有情感、有共情的倾听者和积极主动的交流讨论者。访谈者所获取的信息就相对客观真实。

本评价体系在实施评价时,既采用了正式的访谈方式,预先制订好访谈计划,拟定好访谈提纲,按环境素养评价指标系统进行一对一的个别访谈或召集若干人(一般在10人之内)进行座谈(即召开座谈会);又采用了非正式的访谈方式,在多种场合访谈者(调查者、评价者)和受访人不拘形式地交谈,了解情况,获取评价信息。还与访谈人进行对话,平等地交流讨论,深入地了解真实情况。在评价过程中,我们还设计了与生活贴近的情景化问题,有意识地引导学生自由讨论,充分发表意见。访谈者(调查者、评价者)还综合运用观察法,使获取的评价信息更加丰富、真实。

### 三、观察法是本评价体系获取评价信息的一种重要方法

观察法是在自然情景中,研究者通过自己的感官(眼睛、耳朵等)或者借助一定的科学仪器(录音、录像、照相机等),有目的、有计划地根据研究提纲或观察表对被观察对象(被调查者、被评价者)的表情、动作、语言、行为等,在自然状况下进行观察记录,获取真实信息的一种研究方法。观察法的优点是在自然状态下进行观察,能获取生动、真实的材料,具有及时性的特点,能捕捉到正在发生的现象,收集到一些无法言表的材料。学生的环境素养往往表现在真实发生的生活情景中,因此,在对学生环境素养评价的实施过程中常常会创设一定的生活情景,在自然状态下获取所需要的评价信息,使评价的信度和效度大大提高。

为了更好地检验和提升"环境素养培育"特色育人的实效,我们还建立和完善了学生发展长期跟踪与反馈数据库,坚持为每位学生设立综合素质评价方案和评价数据库,将学生环境素养的评价作为学生综合素质评价的重要组成部分,定期对学生进行访谈调查,开展样本研究,监控特色育人效果,并根据信息反馈情况进行改进和完善。

# 第九章 "环境素养培育"校园"育人场"的建设

在"环境素养培育"过程中,我们应充分关注隐性课程资源对特色发展的重要作用。所谓隐性课程资源,即潜在的、对人的发展起着持久、潜移默化作用的课程资源。虽然其作用方式具有间接性和隐蔽性的特点,但往往能影响教育教学活动的效果和质量。

曹杨中学在总体设计"凸显'环境素养培育'特色的育人体系"时,深刻认识到作为隐性课程资源要素的校园物质环境、制度环境以及人际心理环境等对学生发展的潜在影响,因此将绿色文化隐性课程作为其中的重要部分进行了深度的开发和利用。在实践中,我们进一步认识到,要充分发挥特色隐形课程资源的潜移默化作用,有必要建设对师生产生强大、稳定、持续正向影响的校园"育人场"。

## 第一节 "场"理论在"环境素养培育"中的应用

### 一、"场"理论的由来

"场"是著名物理学家法拉第于1844年提出的电磁学的专业名词。该概念认为"场"是实物粒子周围客观存在的一种特殊物质,也是自然界物质存在的一种基本形态。随着人们越来越深入地认识到"场"的本质属性及影响,这一概念的使用范围逐渐超出了电磁学领域,开始扩展到自然科学、哲学、社会科学等领域,出现了不同学科领域的"场"概念。例如,自然科学领域中,除了电场、磁场和电磁场之外,出现重力场、引力场、电子场等。"场"貌似无形,但它是一个复杂的整体,是连续的、弥漫的和充实的,在一定条件下,具有强大的穿透力和征服力。连续量子系统构成了世界的基本主体,相互作用的"场"构筑了我们现在所熟知的世界的基本结构①。

在社会科学和哲学等领域,出现了文化场、艺术场、宗教场、心理场等概念②。在社会学中,1895年法国社会学家埃米尔·杜尔凯姆在所著《社会学研究方法论》指出,任何事物都须在一定的"场"中存在,这种场就是社会的整体环境,人和事物是构成这一社会环境的两大因素。杜尔凯姆作为一个社会整体论者,把场作为了社会整体性的化身。哲学意义上的"场"具有相对相关性和内在整体性,"存有即场有,万物依场而有"③。在社会心理学研究中,格式塔心理学派的代表人物之一的美籍德裔心理学家克勒(Khler Wolfgang)提出了包含"场效应""感知场"和"认知场"等概念的"场"模型。1936年他的学生库尔特·勒温基于拓扑心理学原理及物理学中的场、力、区域、边界、向量等概念提出了心理学的"场"论。勒温在《社会科学中的场论》中指出,心理学场论不应该以"实体物理学"的术语来描述,而应该用个体在某一时间所处的"场"来描述。他认为,在一个特定时间和环境中,具体人的有效的心理要素的总和就是他的生活空间或心理场。人的行为依赖于人和环境的相互作用,向量在力学中指力、方向及其作用点,在心理学中是一种影响心理活动朝向或背离目标的一种心理力量④。

随着人们越来越重视隐性教育资源对人的发展所产生的重大影响,"场"概念开始被应用于教育领域,以揭示文化精神、人际关系、环境氛围等隐性因素所具有的熏陶、凝聚、引领、激励、潜移默化、规范约束、扩散辐射等教育功能,从而激发教育者有意识、有目的地建设显性资源与隐形资源相结合的、持续稳定且具有强大影响力的教育能量场。

## 二、"场"理论与"环境素养培育"校园"育人场"

关于"场"概念应用于教育领域中应该形成怎样的"育人场"以及会产生怎样的作用,研究者因为研究视角或研究层面的差异而有着不同的观点。

---

① 程守华.量子场论的概念体系与物理实在[J].安庆师范学院学报,2006(2).
② 刘冠军.场与社会——关于社会学场学说的再讨论[J].天府新论,1999(4).
③ 李艳翎,张恒波.论教育场[J].湖南师范大学学报,2010(1).
④ 张小军.社会场论[M].北京:团结出版社,1991.

曹杨中学开展的"环境素养培育"旨在培育学生同他们生存的周边环境和谐共生、协同发展的意识和能力,这就需要高度关注人与环境的良性互动。在培育学生环境素养的同时,如何最大限度地利用环境的育人功能、如何形成"育人场"是我们一直在研究探索的课题。

"育人场"是基于共同的时空环境和价值取向的群体,通过成员间不断传递相互认同的文化意识和主体精神,在互动中凝聚而成的强大、具有这个群体特质并深刻地影响其成员认知、情感、道德和行为的能量场。它既是一种教育对象内部需要与外部环境之间相互作用所形成的应力和张力的总和构成的教育环境①,也是物理场和心理场的结合体,即由教育物质提供的物理环境生成的"物理场",由教育者和受教育者即作为教育活动中"人"的因素而生成的心理场,以及两者之间与"物理场"共同作用而成的"情绪场",它们共同构筑了教育活动中的"教育场"②。

基于"场"在育人方面的重要作用,我校在"环境素养培育"的实践中,根据物理学家法拉第、心理学家勒温和社会学家布迪厄等学者提出的有关力学、心理和社会关系的场论,构建了富有"环境素养培育"特色的校园"育人场"。它由3个部分组成,即"责任担当"的校园"文化场""知行合一"的校园"实验场"和"和谐共生"的校园"心理场",成为特色建设中积极有效的特色育人资源。

## 第二节 "责任担当"的校园"文化场"建设

### 一、"责任担当"文化传统的发展历程

"责任担当"是曹杨中学重要的优秀文化传统之一,缘起于1953年建校初期。当时因为招收爱国归侨子弟这一背景而产生的"爱国·精业·乐群"的校训,开始在师生的心目中刻下爱国、敬业的责任意识。20世纪90年代,"责任·自主"作为我校的办学理念固定下来,并发展和具体化为"担当责任·自主力

---

① 罗仲尤.论高校教职工思想政治教育场的构成与作用方式[J].湖南社会科学,2007(5).
② 邓达.试论和谐教育场的构建及其教育功用[J].北京师范大学学报,2004(7).

行"。经过60多年风雨历程,这一精神和品质从未改变,从中凝练而成的"含德之厚·报国之诚"的"赤子"文化,逐渐成为我校师生身上由内而外体现出的一种显著特质,无论身处何处,都有着明显的辨识度。

在教育实践中,我们深刻认识到"责任担当"这一优秀文化传统是学校宝贵的精神财富,是培育和践行社会主义核心价值观和立德树人根本任务的校本落实,也是倡导"人与环境和谐共生、协同发展"的"环境素养培育"特色的文化溯源和精神内核。为了更好地传承学校文化传统,充分挖掘学校的隐性特色文化课程资源,最大限度地发挥其育人功能,我校在一直努力营造"责任担当"的校园"文化场"。

## 二、传承发展,创设"责任担当"的校园"文化场"

校园"文化场"是师生学习生活空间中的一个重要的组成部分,它包括了从学校发展过程中所积淀的精神追求、价值取向、道德准则、行为方式等。"文化场"中的各个组成因子相互作用,形成一个具有强大影响力的有机整体,导引、约束和规范着师生内在的观念和外显的行为,同时师生的观念与行为也对"文化场"的构成与场力产生影响。"文化场"的构成、变化和特质,深刻地揭示着文化要素之间、文化与社会发展之间、文化与师生发展之间的互动和关联。

为传承和发展学校传统的"赤子"文化,曹杨中学持之以恒地倡导"责任担当"意识和情感,以建立人与自然、社会和自身心理积极、健康、和谐、共生的正向联系,并将这种联系融入学校的校园"文化场"建设的方方面面。

在学校文化形象的设计上,设计了文化LOGO——一棵充满生机与活力的树,枝叶茂盛的背景上书有"责任、自主"四个大字,这是一棵活力之树,也是一棵智慧之树,象征"曹杨人"在"责任·自主"理念的指引下,探索实践、敢于担当、创新超越。

在校园环境设计和创设上,我们主张简约、朴素,自然、留白,充分体现天人合一的哲学思想。校园里严冬腊梅吐芳,春来百花争艳,秋至丹桂飘香,盛夏绿树成荫。鸟语花香,整洁、静谧与人际和睦的优雅氛围相得益彰。学校建设了"赤子"文化校史馆、"心境界"心理健康综合实验室、"思想者"分享互动室、"菁影空间"现代传媒演播中心等人文特色场馆,展示学校优良传统与校园文化,提供放松身心、交流互动、团结协作的场所,以增强师生的凝聚力和归属感。

在特色文化载体建设上,通过师德养成的"赤子薪传"工程,传承和发扬学校"含德之厚·报国之诚·责任担当"的师德风范;通过"走进曹杨""阅读曹杨""赤子讲坛"等特色课程的设计与实施,利用"赤子"系列仪式活动、主题教育、论坛交流、节日庆典、校刊、网站、微信等各种载体,倡导"责任担当"的学校文化,增强师生的知晓率和价值认同。

在特色制度文化建设上,通过制定师德规范和学生行为规范,对于师生与"责任担当"相关的意识、行为进行引导和约束;设立"我心目中的好老师""赤子奖学金"等奖励项目,对师生中"明责任、敢担当"的先进典型事迹进行表彰,形成正向的价值导向。

经过多年有意识地创设,"责任担当"校园"文化场"的影响力愈发强大,不仅是在校师生在校园"文化场"中受到积极的感召和潜移默化的熏陶,初次到校的来访者也能强烈地感受到这种文化的影响力。

## 第三节 "知行合一"的校园"实验场"建设

### 一、"知行合一"校园"实验场"建设的缘由

"场"是物质存在的基本形态之一,其重要属性是占有一个空间,即一个相互作用的物质之间的空间。整体的场效应就来自各子场耦合后所体现的综合效应,各子场及其构成要素都是平等地参与和协作。由此而产生的组织形式不是集中控制的多层指令系统,而是分散控制的多层参与系统。同时,各子场所产生的合力不是单个分力的线性相加,而是各个分力的矢量和。换言之,这种力是通过立体的方式向包围着的对象发射能量,若各种力作用方向相同,合力才大。① 而且"场"还具有在空间上的全方位性特点。

曹杨中学在开展"环境素养培育"的过程中,需要建设满足学生实践体验的

---

① 罗仲尤.论高校教职工思想政治教育场的构成与作用方式[J].湖南社会科学,2007(5).

创新实验室,但是我们不想将实验室建成一个个孤立的物理空间。我们需要这些实验室不仅具有实验功能,而且能与整个学校的环境创设融为一体,构建一个打破物理空间间隔、功能互补、相互关联的整体,并通过师生的参与、体验,形成具有强大育人功能的实验场,充分利用场在空间上的全方位性特点,形成育人合力。由此,结合我校"教学与生活相结合、学习与实践相结合"的教育传统,建设"知行合一"的校园"实验场"的设想应运而生。

建设校园"实验场"的第二个缘由是因为,将抽象的书本知识与具体的实践体验结合起来能够帮助学生更好地掌握所学的知识。学生日常学习最主要的场所便是校园,如果实验室与校园环境能融为一体,便能最大限度地为学生创设"实景学习"的机会,通过实践体验,关注元认知反思和自我意识的重要性,从而跨越书本知识与实践应用间的鸿沟,架构对真实世界的认识。

建设校园"实验场"的第三个缘由是因为"环境素养培育"特色课程的一大特点是与人生存的环境要素紧密相连,例如空气、气候、水、植物、能源等,而这些要素都存在于校园之中。通过"校园实验场"建设能够充分发掘和利用这些要素的教育功能,培育学生的环境素养。

## 二、因地制宜,建设"知行合一"的校园"实验场"

基于上述原因,学校在校园环境规划和特色实验室的设计和建设上,秉持校园即为"实验场"的理念,创设了"知行合一"的校园"实验场"。

首先,我们依托校园的一景一物、一草一木,因地制宜建设室内外实验室。例如校园中随处可见各式绿色能源路灯、屋顶风力发电装置、学生宿舍太阳能整体热水供应系统、可视水表装置、提示节约能源的小贴士牌,掩映在繁花绿树之中。再如"校园植物研究系列"课程实施便是以整个校园为实验室,针对校园内60多种草本、藤本、灌木和乔木四大类植物,设计课程内容,开展植物的观察、培植研究实践活动。还有师生共同设计配置的各类植物"身份信息二维码",供学生随时学习查阅。

其次,我们充分利用每一寸空间植入教育功能。例如,实验楼的五层楼梯就是一条能源知识展示长廊,阶梯上是以石油、天然气、核能、太阳能等为主题的直观图片,每每拾阶而上,都是一次潜移默化的环保知识教育。每层楼面两侧墙上都设计了有关水科技、能源科技、生物科技等知识和各类创造发明原理的展示橱窗,通俗易懂,生动形象。

再次,根据校园本身的特点,我们因地制宜地建设10多个集实验演示、动手实践、生活体验于一体的环境科技类创新实验室,将实验功能与实际生活紧密相连,以充分体现我校学习与实践相结合的传统。以水技术与环保实验室群为例,这个实验室群由一个室内实验室和人工湿地、雨水回用两个室外实验室组成。其中人工湿地紧靠虬江河,除了实验功能之外,还起到河水净化、校园景观的作用;雨水回用实验室则将建筑物楼顶雨水收集净化并用于植物浇灌、环境清洁。

"知行合一"的校园"实验场"建设,一方面将实验与实际生活结合起来,让学生在掌握环境科学知识和技能的同时,可以利用校园中各种资源开展特色课程的学习和实验,营造出"环境素养培育"的浓厚氛围,以充分发挥"绿色隐性文化课程"的功能,培养环境意识和环境情感。另一方面,校园中打破空间界限的各种教育要素的有机整合和关联互动,使"实验场"超越了传统意义上的实验功能,成为具有强大场力的教育空间,使人置身其间便能感受到强有力的影响,从而主动地去践行、体验和感悟。2018年,我校"'知行合一'的校园'实验场'建设"案例被评为全国首届中小学教育装备应用创新案例一等奖。

## 第四节 "和谐共生"的校园"心理场"建设

### 一、"心理场"的育人功能

20世纪30年代,心理环境和心理学"场"论的提出者、著名心理学家勒温指出,人的心理、行为决定于内部需要和环境的相互作用。他认为人本身就是一个场,人的心理现象具有空间属性,人的心理活动是在某种心理场中发生的,人的行为也是由场决定的[1]。因此,"心理场"的育人价值应该引起教育者的高度重视。

---

[1] 库尔德·勒温.拓扑心理学[M].杭州:浙江教育出版社,1997.

在"环境素养培育"的实践中,通过心理环境对人发展影响的文献研究和实践探索,我们认为"心理场"具有以下三方面的育人功能:

(一) 凝聚功能

人是社会性的动物,人与人之间存在着相互需要、相互影响的依存关系。在长期的交流互动中,形成群体认同的主流思想意识、价值观念,并表现出一种"召唤性的吸引力",并与群体成员的投射力交互作用形成"心理场"[①]。"心理场"的形成使成员的心理距离大为缩短,日常行为更加紧密,从而产生巨大的凝聚力。

(二) 激励功能

激励是一个心理学的概念,指持续激发人的动机的心理过程。需要、动机和目标是激励过程的核心要素。"心理场"的创设能有助于营造一个积极正向、宽松和谐的育人环境。这种环境和氛围可以统一受教育者的思想认识,获得归属感和安全感,启发他们对人生意义和生命价值的思考,帮助他们解决人生的困惑和矛盾,使他们能以一种积极的、阳光的心态面对社会现实,积极参与公平竞争,从而满足自我实现和价值认同的精神需求。[②]

(三) 约束功能

"心理场"的影响力使场内的个体时时感受到无形的心理压力或精神动力。这种力是群体成员所共有的价值观念、传统习俗、行为标准等因素共同形成的。当个体内部与所处环境产生心理共鸣和强烈的心理暗示时,便会自觉对行为进行自我控制与自我约束,使个体行为取向与所处环境趋于一致,这实际上是由个体在心理上对群体的价值"认同"或"归属"感所引发的。如果群内个体行为背离了公认的价值取向和行为规范,个体所处环境中大众持有的共同价值观所带来的舆论压力就会发生一种纠偏和矫正功能,从而产生导向作用并显现出场的约束力[③]。

## 二、以境养心,构建"和谐共生"的校园"心理场"

共生是人类之间、自然之间以及人类与自然之间形成的一种相互依存、和

---

① 罗仲尤.“场”理论视野下高校教职工思想政治教育研究[D].湖南大学,2007.
② 李艳翎,张恒波.论教育场[J].湖南师范大学学报,2010(1).
③ 李艳翎,张恒波.论教育场[J].湖南师范大学学报,2010(1).

谐、统一的命运关系,也是"环境素养培育"所追求的目标。曹杨中学充分认识到"心理场"强大的育人功能,结合学校文化传统和"环境素养培育"特色,探索创设"和谐共生"的校园"心理场"。

"和谐共生"校园"心理场"建设具有比较厚实的基础。自建校之日起就倡导人际和谐,将"乐群"二字写入学校的校训之中,这为"和谐共生"的"心理场"的建设积淀了文化认同的基础。建设"责任担当"校园"文化场"和"知行合一"的校园"实验场"不仅为"心理场"的建设积累了实践经验,也创设了优美的校园环境和积极向上的思想氛围,这些都是建设"和谐共生"的校园"心理场"的关键因素。在这样的良好基础上,我校采取了如下举措:

首先,在校园环境氛围的创设上,我们有意识地营造宁静、平和、天人合一的意境。我们坚持在设计和建设上做到简约、朴素,自然、留白。校园植被保持天然与多样性,"砚台池""闻道源""白鹭址"等小品蕴含了中华文化的质朴、悠远之美,主干道的宽阔、大气与拂面垂柳的娇柔相得益彰……身处这样的校园环境中,自然而然养成平静、祥和的心态。

其次,在和谐人际环境的营造上,我们倡导尊重、平等、友爱的师生、生生关系。人与人或群体与群体之间的心理、情感状态会相互影响、相互作用、相互激荡,从而产生心理、情感的连锁反应①。由于充分认识到良好的人际环境的重要作用,学校将和谐的人际关系作为处室、班集体等团队建设的重要元素,结合评价机制加以弘扬。除了"环境素养培育"特色课程的实施之外,将"环境素养培育"所倡导的和谐共生、协同发展的观念意识渗透到现行高中课程教学中,作为必须弘扬的价值导向。领导班子相互尊重、团结协作以身示范,教师队伍协力同心、互帮互助、言传身教。通过多年的努力,形成了生敬师、师爱生,教师之间平等友爱的人际环境。上海市特色高中评估专家对我校人际环境的评价是"政通人和"。

再次,在健康人生态度的养成上,我们鼓励自信、自爱,坚韧、乐观地面对困难和挫折。我校建设了一支由心理教师、生涯辅导师和资深班主任组成的心理辅导教师团队,他们结合"环境·心理"类特色课程学习,辅以适时的心理干预、

---

① 罗仲尤."场"理论视野下高校教职工思想政治教育研究[D].湖南大学,2007.

丰富的主题活动和实践体验，培养学生抗压、抗挫的意识和解决心理问题的能力，帮助他们逐渐养成积极健康的人生态度。

最后，在课程建设上，我们构建了符合"大环境"育人理念，与校园"心理场"建设紧密联系的"环境·心理"类特色课程群，内容涉及自我规划、自主管理、自我实现等学生健康发展的各个方面。例如，在自我认识方面开设了高中学习适应性课程，包括"做我真好""情感世界""精神家园""心灵世界"和"幸福人生"；在发展自我方面开设了"生涯发展辅导""魅力自我""LTCC批判性思维""人际交往""技能培养""职业体验系列"等课程；在自主管理方面，开设"学习方法指导""科学方法指导""科学思维培养""意志力培养""校园自主管理"等课程；在自主规划方面，开设了"规划制定指导""发展潜力测评"等课程。

"和谐共生"的校园"心理场"充分发挥其凝聚、鼓励和约束功能，让师生们在潜移默化的熏陶和影响中形成良好的心态，养成了积极的人生态度，无形中培育和提升了环境素养。

校园"育人场"的创设展现出了强大的育人功能，营造了适合我校师生发展的良好人文环境、自然环境和心理环境：个人自律、自省，自珍、自立；人际尊重、谦和、珍爱、包容；课堂合作体验、自主探究；管理公正、严明而不失人文关怀；校园内隐隐的花香、婉转的鸟鸣、潺潺的流水、游弋的小鱼、师生的笑靥、实践的快乐……无不彰显出强大的、潜移默化的影响力和凝聚力，助推着我校逐渐成为绿色温馨的校园、学习生活的乐园、精神生活的家园，让师生浸润在文化熏陶、环境滋养、实践体验和人际互动之中自主发展、健康成长。

# 第十章 "环境素养培育"的保障机制建设

## 第一节 以教科研引领"环境素养培育"的发展方向

"大环境"视域中的"环境素养培育"特色教育是具有创新性的育人实践,几乎没有可以借鉴的成熟经验。因此,开展相关的研究探索科学有效的"大环境"育人模式、策略和方法至关重要。

### 一、开展课题研究,聚焦"环境素养培育"关键问题

(一) 引领学校特色发展的课题

曹杨中学通过开展"中学生环境素养培养的实践研究"和"可持续发展教育视角下的校本课程开发和实施研究"等课题研究,探索中学生环境素养培育的有效途径,引领"环境素养培育"特色教育的开展,同时也为"环境素养培育"特色教育的有效实施提供科学依据。

【课题示例】

**课题一:中学节能减排与可持续发展教育行动项目研究**

研究目标

(1) 围绕可持续发展教育理念,完善办学思想和发展规划,构建本校的可持续教育模式,包括育人目标、策略、方法、流程等。开发相关的特色课程,形成环境专题教育内容。

(2) 初步建成节能减排的特色校园,包括在校舍改造中采用节能减排方案,安装节能减排装置,形成节能减排的学校文化等。

(3) 构建可持续发展教育的学校、家庭、社区联动的成熟网络。

研究内容

(1) 中学节能减排和可持续发展教育的现状和分析。梳理和分析国内外节能减排和可持续发展教育的现状,找准目前节能减排和可持续发展教育的关键环节和主要问题。

(2) 从可持续发展教育的视角诠释和发展我校"担当责任·自主力行"的办学理念,深入研究可持续发展教育"四个尊重"(尊重当代人与后代人、尊重差异性与多样性、尊重环境、尊重资源)的内涵,探索新时代对育人的要求和中学应该采取的行动。

(3) 以我校原有的"绿色科技""自主管理""国际理解"等校本课程为基础,研究如何通过再开发,再设计能够满足学生可持续发展需求的特色课程。

(4) 研究如何通过社会资源的整合和节能减排校园的建设,构筑促进可持续发展教育的育人共同体。

研究方法

以行动研究法为主,辅以文献、案例分析、调查研究等方法,了解国内外可持续发展教育和中学节能减排的现状,探索和总结适合于本校可持续发展教育的理念、策略和方法。

本课题已结题。通过本课题研究,我们对"环境素养培育"的认识更加深入,对如何有效开展可持续发展教育起到了很好的引领作用。为此,学校被授予联合国教科文组织中国可持续发展项目实验学校。

## 课题二:中学生"环境素养培育"的实践研究

研究目标

(1) 根据中学生年龄特点、知识结构等实际情况,确定中学生环境素养的内涵和目标要求。

(2) 通过调查研究和文献整理,分析现有中学生环境素养教育的现状、特点和不足。

(3) 研究并构建中学生"环境素养培育"特色教育体系和教育模式并进行具体实施,内容包括中学生环境素养教育的目标定位、教育内容、实施途径、方式方法和实施载体、教育的效果评估体系等。

研究内容

(1) 调查本校和外校高中学生环境素养的水平、环境素养培育现状,结合文献研究,形成文献资料。

(2) 基于"大环境"育人理念,确定中学生环境素养的内涵和目标,聚焦课程这一关键环境,开展关于中学生"环境素养培育"特色课程开发和实践研究。

(3) 开展"环境素养培育"的学校文化环境的研究。包括创新实验室、校园环境建设等物质文化环境建设和主题文化活动等精神文化环境创设的探索研究。

(4) 开展"环境素养培育"特色课程教师队伍培养方式的研究。

(5) 开展中学生"环境素养培育"评价体系的研究。包括如何开展对"环境素养培育"特色课程的全程评价和建立高中生"环境素养"评价指标等。

研究方法

主要采用文献研究法、调查法、行动研究法、案例研究法等研究方法,在充分调查收集和研究分析相关信息的基础上开展行动研究,在探索实践和研究的过程中不断总结反思,形成有效经验。

本课题已结题。本课题围绕中学生环境素养培育,从环境素养的内涵界定、目标设立、课程体系构建、文化环境创设、特色课程教师队伍建设等多方面开展比较全面的探索研究,为寻找有效的培育策略和方法,最终形成针对高中学生特点的环境素养培育模式提供了科学的依据。

(二) 指导学校特色课程开发与实施的课题

课程是育人目标达成的重要载体。特色课程体系的构建与实施是我们开展"环境素养培育"特色教育中非常关键的课题。为了构建满足学校特色发展和学生个性化发展需求的课程,更有效地达成特色育人目标,我们开展了特色课程开发与实施的一系列课题研究。

【课题示例】

**课题一:可持续发展教育视角下的校本课程开发和实施研究**

研究目标

(1) 以可持续发展教育的理念对现有学校校本课程的现状和存在问题进行研究,梳理国内外已有的相关课程的架构与研发信息,供本课题课程开发进行参考。

(2) 结合可持续发展教育的理念,完善"环境素养培育"特色课程方案,包括课程目标、课程内容、课程实施、组织形式等。

(3) 探索和总结出校本课程的有效实施策略和方法。

研究内容

(1) 分析、整理国内外有关可持续发展课程建设有关信息,整理文献综述。

(2) 研究分析可持续发展理念与我校育人理念和育人目标间的契合点,拓宽视野,丰富特色育人的内涵。

(3) 以可持续发展教育理念的视角完善我校"环境素养培育"特色课程方案。进一步开发和完善现有的校本课程,分类分层设计"环境素养培育"的"3+2"的特色课程系统。

(4) 进行可持续发展教育校本课程实施的实践研究,调研实施结果,根据反馈情况调整课程方案。

研究方法

主要采用文献研究法、调查法和行动研究法。借鉴国内外已有经验,结合可持续发展教育理念,探索适合我校实际的校本课程设置和实施的策略和方法。

本课题已结题。本课题的研究,促使我们将可持续发展理念进一步融入"环境素养培育"特色教育之中,丰富了"大环境"育人理念的内涵;进一步梳理和完善了"环境素养培育"特色课程内容,并根据学生的学习需求,探索出分类分层的课程设计实施策略,构建了由"大环境"概念的通识教育系列、"环境·科技"类课程群、"环境·人文"类课程群、"环境·心理"类课程群和实践体验类课程群组成的"3+2"特色课程系统。

## 课题二：高中生"环境素养培育"一体化课程的实践研究

**研究目标**

（1）进一步完善优化学校课程设计思路，构建凸显"环境素养培育"特色的学校一体化课程体系。

（2）探索出"环境素养培育"一体化课程有效实施的策略、方法以及适应一体化课程实施的评价体系。

（3）建设适应并胜任一体化课程实施的教师队伍，营造体现一体化课程体系特色的学校环境和适应一体化课程实施需要的"大教育"环境。

**研究内容**

（1）研究如何设计和建构一体化、凸显特色的学校课程体系，包括总结出构建"环境素养培育"特色课程系统的各个要素；如何将特色课程系统有机融入现行课程体系，解决特色课程与现行课程的"两张皮"问题。

（2）针对"环境素养培育"特色课程重体验、跨学科等特点，研究"环境素养培育"一体化课程有效实施的策略和方法。

（3）研究如何构建"环境素养培育"一体化课程的全程评价体系，包括评估体系的指标体系和实施方法等。

（4）研究如何建立"环境素养培育"一体化课程有效实施的保障机制，包括人力资源建设、管理机制构建、社会资源整合等。

**研究方法**

（1）以文献研究和理论梳理为基础，并贯穿研究始终，着重对环境素养的内涵、当今国内外教育界对中学生环境素养培养的现状、方法等进行资料收集和研究。

（2）以行动研究为主线，综合运用多种研究方法，对于我校在培养学生环境素养方面已经取得的一些经验成果进行提炼，厘清核心概念，形成课程顶层设计思路，为"环境素养培育"一体化课程具体设计和实施打下基础。

本课题已结题。本课题研究探索，将原有分散单一的环境特色课程统整发展为系列化的特色课程群，构建起由课程目标、内容、实施、管理、资源、评价6

个子系统构成的特色课程系统;通过特色课程嵌入式、特色目标渗透式、特色内容与学科内容糅合成新教育主题式的"三式"策略和特色课程与基础型课程(国家课程)有机结合、与拓展型课程广泛整合、与研究型课程深度融合的"三合"途径,融入现行课程之中,解决了特色课程实施与现行国家课程的两张皮问题。

### 课题三:绿色能源实验室的开发和利用的实践研究

研究目标

(1) 建设适合中学生实验、操作、体验的实验室,设备包括可以利用太阳能、风能、生物质能等开展实验探究的一系列设施设备。

(2) 设计一套与绿色能源创新实验室相配套的特色课程,包括教材、实验手册等,以充分发挥实验室的教育功能。

(3) 设计一套可推广的绿色能源实验室开发和利用的设计与实施方案,为区域跨校共享课程的开设打下基础。

研究内容

(1) 研究如何建设室内外设施一体化的绿色能源实验室。调查了解国内外绿色能源利用和中学绿色能源实验室的建设和使用现状,结合我校学生和校园环境实际,设计并建造配置合理,具有创新性、示范性和实用性的绿色能源实验室。

(2) 设计开发与绿色能源实验室相配套的课程和教材。研究适合中学生年龄特征和学习需求,设计开发科学性、趣味性和可操作性相结合的配套课程、教材和实验手册。

(3) 建立有效的绿色能源实验室使用方案。

研究方法

主要采用文献研究法和行动研究法。通过借鉴他人在绿色实验室建设与利用方面的先进经验,结合我校学生学习需求和校园环境的特征,在实践中探索、反思、完善,设计并建造绿色能源实验室。

本课题已结题。本课题研究,探索出了一套比较行之有效的创新实验建设策略和路径。开发与实施配套课程,形成室内外一体的建造理念,为我校后续的校园"实验场"建设和系列特色课程的开发、实施打下了坚实的基础。

（三）指导校园文化建设的课题

校园文化以常规教育教学无法替代的强大育人功能而越来越受到教育界的重视。如何更大限度地发挥校园文化潜移默化、无所不在的育人功能，建设学校"大环境"育人"文化场"，成为我校在开展"环境素养培育"过程中希望通过课题研究和实践探索来解决的问题。

【课题示例】

### 课题一：以"礼仪校园"为特征的"和谐校园"建设模式研究

研究目标

探索如何构建以"礼仪校园"为特征的"和谐校园建设模式"，培养师生良好的礼仪风范，创设优良的人文环境，构筑使师生身心愉悦、和谐共生的精神家园。

研究内容

（1）开展中国传统礼仪文化与现代礼仪要求的融合研究。通过文献研究寻找中国传统礼仪与现代礼仪的融合点，建立适合中学校园的礼仪规范要求。

（2）开展有关"礼仪校园"的内涵研究，包括"礼仪校园"的环境创设、语言规范、仪容仪表标准、交往礼仪等方面的研究。

（3）开展以"礼仪校园"为特征的和谐校园的建设途径研究。探索礼仪课程建设、礼仪主题文化建设、礼仪校园环境建设等多管齐下的建设途径。

（4）研究如何通过挖掘社会资源，构建"学校—家庭—社会"三位一体的礼仪教育网络。

研究方法

主要采用文献研究和行动研究的方法，研究中华传统礼仪文化和西方礼仪文化以及现代社会礼仪要求，在实践中探索礼仪校园的创设路径，建设和谐校园。

本课题已结题。本课题研究，引发我们进一步关注隐性教育资源在"大环境"特色育人中的重要作用。本课题的研究成果被应用于我校由"责任担当"的校园"文化场""知行合一"的校园"实验场"和"和谐共生"的校园"心理场"构成的环境素养培育"校园育人场"的建设中,也被市内外多所兄弟学校所采用。

**课题三:家长参与以"环境素养培育"为载体的"责任教育"课程的实践研究**

研究目标

(1) 构建"环境素养培育"为载体的"责任教育"德育课程,提升学生的环境素养和综合素质。通过学校、家长共同建设课程体系的研究,以"环境素养培育"为载体,共同构建出符合学生特点的"责任教育"德育课程,让学生乐于学习;学校与家庭形成的教育合力,在培育学生环境素养的同时,提升责任意识,促进全面发展。

(2) 在家长参与学校德育课程建设与实施方面形成辐射成果。一是形成经验文本,供兄弟学校参考借鉴;二是形成区域共享课程,供区域内有兴趣的学生和家长参与修习。

研究内容

(1) 国内外家长参与学校德育课程建设与实施的现状及相关文献研究。调查本校和兄弟学校中家长参与学校课程建设与实施的现状。开展国内外相关资料的搜集和研究,形成文献资料。

(2) 家长、学生、学校(管理层及普通教师)对于家长参与学校德育课程建设与实施的意见和建议的调查研究,了解家长、学生对于家长参与学校课程建设与实施的意见和看法以及希望的实施方式。

(3) 家长参与"环境素养培育"为载体的"责任教育"德育课程的开发与实施研究。家长在学生的德育过程中起着至关重要的作用,在已有的德育课程中,充分发挥家长的作用。在生涯规划指导课程中,开发家长讲座,让家长们就自己的职业体验为学生的生涯规划提供意见和建议。在学生素质评价中,增加家长评价,让学生的素质评价更加全面、更加真实。

(4) 家长参与"环境素养培育"为载体的"责任教育"德育课程的管理模式研究。赋予家委会新的职能——参与课程的管理:家校共同制定家长参与学校德育课程的实施与管理条例,规范相关行为,提升参与实效。

(5) 家长参与"环境素养培育"为载体的"责任教育"德育课程评价的方式研究。家长参与的学校德育课程制定评价标准,例如参与程度、完成程度、成果形式、学时考评等,通过自评、他评、学校评价等多个维度,增加课程评价的多元性和有效性。

研究方法

采用文献研究法、调查法和行动研究法收集和研究国内外家长参与学校德育课程建设与实施现状的文献资料,调查了解本校家长、学生、教师对家长参与我校"环境素养培育"为载体的"责任教育"德育课程的意见和建议,通过实践探索课程的开发与实施的策略方法以及管理评价方式。

本课题正在研究中。希望通过本课题研究,我们在形成家长参与"环境素养培育"为载体的"责任教育"德育课程模式的同时,探索出家校联手共同育人的新路径,助推我校校园"育人场"的有效创设。

## 二、开展校本教研,破解"环境素养培育"实施难题

"环境素养培育"课程主要是依托学科开发的,课程的实施主要是由学科教师来完成,大多数特色课程教师同时还承担学科教学任务。由于特色课程在实施策略和方式上与学科教学的要求存在一定的区别,使得教师们在特色课程的实施中时常遇到各种问题。因此我校注重通过校本教研解决特色课程实施中的各种问题来促进特色课程教学的持续改进。

在特色课程的实施中,学校通常会面临3个突出问题:一是教师的适应问题。学科教师在承担特色课程教学时,往往会有"水土不服",难以摆脱传统课堂教学观念的影响。二是特色课程教研与日常教研的冲突问题。教师日常教学的任务非常繁忙,往往难以抽身兼顾两种类型课程的教研活动。三是如何让两类课程能相互促进的问题。特色课程教学与学科教学各有所长,形成合力将造福于学生,反之只会增加学生的学习负担。因此,解决这3个突出的问题,一直是我校教研的重要主题。

### (一) 解决特色课程教学的适应性问题

特色课程教学对教师的教学理念、教学方式、专业知识和技能都提出新的

要求。多年来,我校主要通过以下方式来解决教师的适应性问题:

派送教师到国外中学实验室进行"休克式培训"。自2012年起,曹杨中学每年都会派送部分教师到国外友好学校开展交流和学习。之所以叫作"休克式培训",是因为培训初期给教师带来的冲击是颠覆性的。例如,教师们经过一个月的学习才认识到"条件不充分的实验才是真正的实验",而不是他们最初认为的教师不够专业才给学生的实验条件不充分。正是经过这样的教育理念和思维的激烈碰撞,教师们认识到科学实验的本质,认识到怎样才能引导学生进行"真正"的探究。

派送教师作为"影子教师"进行"浸润式培训"。曹杨中学定期组织特色课程教师到具有相关经验的学校充当"影子教师"。如派送教师到上海美国学校,从教学设计到课后辅导,跟随专家教师进行"浸润式"的全程、全方位观察和学习,汲取适合于本校"环境素养培育"课程的教学经验,运用到自身的教学之中。

组织教师走进高校进行知识与技能拓展。"环境素养培育"课程虽然是依托学科开发的,但是远远超出了教师原有的知识储备范围。为促进教师知识的专业化和多元化,我校组织特色课程教师走进高校"回炉""充电",在广度和深度上拓展专业知识与技能。例如,化学老师每周都会到同济大学环境与工程学院跟随实验室主任施鼎方教授进行专业知识与技能的学习和研究,回校后用于"水技术与环保"特色课程的研发和教学。

发挥团队合作力量,协力克难。特色课程的开发与实施是依据本校实践进行的,往往难以借鉴他人的经验。因此,我校非常注重发挥团队的力量来解决实践中的问题,设立了专门的特色课程教研组,聘请专家团队来校指导。充分发挥团队协作的力量,采取"3T"(teachers teach teachers,即教师互教)的协作互助式,通过主题研讨、示范交流、课题研究等方式,分享经验、集思广益,团队协作,共同解决教学中的突出问题。

(二) 解决特色课程教研与学科教研的统整问题

为了有效解决特色教研与学科教研难以兼顾的问题,我们采取了教研统整的方式,让特色教研活动与学科教研活动各有侧重又有共同主题,相互交又配合,提高教研实效。特色教研活动聚焦于学科统整和专业性非常强的问题,学科教研在原有的任务上增加了特色课程与学科教学共性的问题,如学科知识的拓展、教学情境的创设、学生参与意识的激发等。这种统整方式在实践中获得了较好的成效,并得到专家同行的认可。例如,2017年在上海市教研室对普陀区的调研中,我校化学和物理学科的教研活动受到市教研员的充分肯定。其中"水技术与环保"课程作为学科拓展的优秀案例,被邀请在上海市"关注学生体验,加强活动设计"专题展示研讨活动做主题发言,介绍课程的开发、设计、实施等过程。上海市教委教研室还将此案例征集为"两纲"综合实践案例。

(三) 解决特色课程与学科教学相互促进的问题

为了充分发挥"环境素养培育"课程与学科教学的相互促进作用,我们主要的做法,一是总结"环境素养培育"课程实施中有效的又能迁移到学科教学中的教学策略方法和情境实例,鼓励教师将其灵活运用于日常的学科教学之中;二是继续依托学科知识和技能来完善特色课程的知识结构和知识体系。这样的尝试取得了较好的成效,例如,一位既承担学科教学任务又兼任"绿色能源"课程教学的物理老师发现在绿色能源课上,同学们表现出在学科课堂中从未有过的浓厚兴趣和参与意识,他们通过自主实验探究快速理解和掌握了教师们认为难度很大的物理问题,这给这位物理老师留下了深刻影响。于是,他尝试在高三的复习教学中用一个个小实验来解决重点、难点问题,取得了比传统高三复习方法更好的效果。

通过多年的教学改革探索实践,曹杨中学以LTCC(基于跨文化的思维培养)为特色的英语学科、以"尚礼明德"为特色的政治学科、以"绿色能源"为特色的物理学科、以"水技术与环保"为特色的化学学科,以及以"校园植物研究"为特色的生物学科逐渐成为学校的学科教学品牌,受到专家和同行的充分肯定。学校成为区英语、物理、政治学科"有效教学与实践"基地,并承担了英语、政治学科高地建设和"普陀区见习教师规范化培训"基地校等工作。通过将特色课程教学中的有效理念和实施方式迁移到学科教学之中,促进了学科教学水平的持续提升。

## 第二节 "环境素养培育"的人力资源建设

教师是特色理念的实践者，是学校特色发展的活力所在。普通高中要办出水平、办出特色，对学校办学理念的认识和实践就不能仅停留在管理层面，而是要渗透到每一位教育工作者精神深处，外化为自觉的行动，才能形成办学的核心凝聚力。因此，如何着力打造一支由专（特色课程教师）、兼（外聘兼职特色课程教师）、群（群体教师）三类教师组成的，适应学校特色发展的素质优良的教师队伍，成为特色教育成功与否的关键因素。

根据多年来的学校特色发展办学经验，我们认为环境素养特色培育的人力保障机制建设，主要体现在如下几个方面。

### 一、"环境素养培育"校内特色课程教师队伍建设

"环境素养培育"离不开一批优秀的特色课程教师。我校一方面有计划地引进特色课程教师，弥补和引领现有课程的开发实施力量；另一方面，将发展愿景与教师的兴趣专长结合起来，鼓励教师根据学生发展的需求自主开发特色课程，在实践中探索特色教育的有效策略和方法。在开发特色课程的过程中，以学科为基础，由学科组成员在专家的指导下，团队协作开发特色课程。例如，由物理学科组负责开发"绿色能源"等课程，化学学科组负责开发"水技术与环保"等课程。同时要求学科组间打破学科壁垒，取长补短，开展跨学科、跨领域合作。在一门门特色课程得以开发的同时，教师自身也激发了潜能，拓宽了视野，发展了特长，提升了综合素养。

### 二、"环境素养培育"校外兼职教师队伍建设

2012年国家颁布的《国务院关于加强教师队伍建设的意见》明确指出，鼓励普通高中聘请高等学校、科研院所和社会团体等机构的专业人才担任兼职教师。我校"环境素养培育"课程涉及领域广、专业性强、实践操作要求高，为了弥补本校"环境素养培育"特色课程教师在专业、视野与技术上的不足，我校聘请

了以同济大学、中国极地研究中心等为核心的国内高级科研机构的科研专家、教授学者担任校外长年兼职教师,承担教师培训、课程研发、学生授课等多项工作,助推"环境素养培育"目标的有效达成。

在校外兼职教师队伍的聘用与管理方面,严把入口关,选聘具有较强专业能力与丰富经历,具有胜任特色课程实施工作专业素养和教学水平的专家、学者担任兼职教师,并制定相关制度明确规定每位兼职教师的职责和义务,同时提供必要的支持,让他们更好地与校内专职教师相互协作,做好特色育人工作。

实践证明,校外兼职教师的专业优势有助于丰富特色教育的内容和实施方式,拓宽校内教师和学生的视野,为学生高阶思维的培育提供专业支撑。

### 三、"环境素养培育"的群体教师队伍建设

所谓群体教师,是指特色课程教师以外的教师群体。在我校,群体教师数量约占教职工总数的80%左右。要培育好学生环境意识、知识、能力等方面的素养,仅靠特色课程教学是远远不够的,需要在日常的基础型课程教学中不断渗透和有意识培育。我校致力于将"环境素养培育"特色课程与现有的高中课程高度融合,这就要求每一位教师具有主动参与特色培育的意识和基本素养,在日常教育中自觉渗透环境素养培育。为此,我们对群体教师开展了以下两方面的培训:

其一,通过举办专题讲座、与特色课程教师交流互动、指导学生开展项目设计和课题研究等探究学习和实践体验活动,让群体教师深入了解"环境素养培育"的内涵,认识"环境素养培育"的意义和价值,同时不断提升自身的环境素养。

其二,积极开展课题研究、教学研讨,探索在基础型课程教学中培养环境素养的有效途径和方法,不断改进和完善教学行为。我校群体教师与特色课程教师团结协作,初步探索出一套在基础型课程中渗透"环境素养培育"的有效方法,编写了《"环境素养培育"与学科教学结合指南》,规范了群体教师实施"环境素养培育"的教学行为,为"环境素养培育"特色课程与基础学科的有机结合打下了良好基础。

## 四、构建"环境素养培育"的教师专业发展支持系统

一个学校可持续发展的前提是教师的可持续发展。我校以专家团队、校内外资源为支撑,以分层培训与自助培训相结合的方式为模式,构建了教师专业发展的支持系统。

所谓分层培训,即根据职初教师、成熟教师和骨干教师的不同需求,分别对职初教师进行规范培训,对成熟教师进行"规范+个性化"培训,对骨干教师进行特色化培训。

所谓自助培训,即采用"创意工坊"的模式,提供基础培训、师徒带教、影子教师、国际研修伙伴、案例研讨、课题研究精品示范、专家关键点拨等多种模块,供教师自主选择。

2014 年至今,我校派送了 90 多人次的特色课程教师参加国外影子教师和国际研修伙伴培训,44 人次参加了市区级有关特色课程的专题教师培训,17 名特色课程教师参与特级教师工作室、学科带头人工作室、高级指导教师的培训。这些不同特色、不同规模、不同指向的教授培训活动,更新了教师的教育观念,提升了教师专业素养,助推了教师队伍整体水平的持续提高。

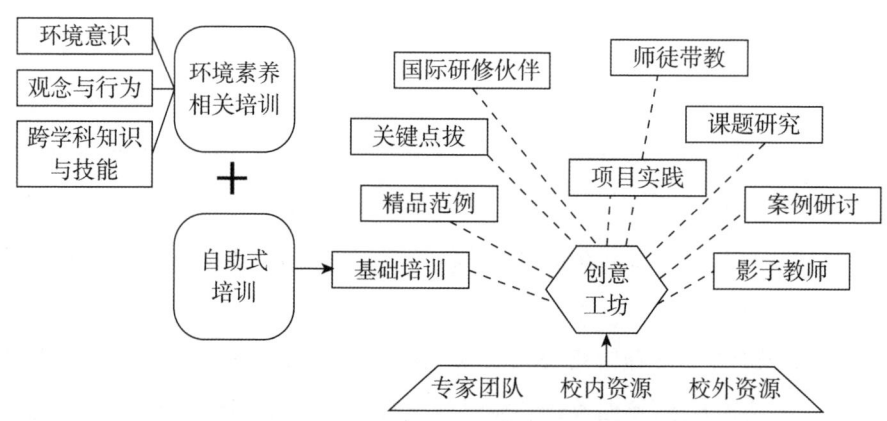

图 10-1 曹杨中学"环境素养培育"特色课程教育培训模式示意图

## 第三节 "环境素养培育"的教育共同体建设

教育是一项系统工程,需要整合社会各方资源共同育人。从当前基础教育的发展总体情况来看,立德树人根本任务的有效落实还面临着一些困难。其中一个非常重要的原因就是,当前的教育主体普遍停留在学校层面,未能将其他教育力量和社会资源利用起来,社会、家庭教育还需要更主动、有效地发挥育人作用。

为进一步提升综合育人水平,2014年3月,国家教育部颁布了《教育部关于全面深化课程改革 落实立德树人根本任务的意见》,明确提出将"5个统筹"作为全面深化课程改革的重点任务。在"5个统筹"中,除了提出对学段、学科、环节、队伍等领域的统筹,还重点提出课堂、校园、社团、家庭、社会五个教育阵地的统筹,旨在发挥学校教育主渠道作用同时,挖掘和统整社会教育资源,形成五方联手的教育合力。

我校根据学校的实际情况,在开展"环境素养培育"特色教育实践中,主动开发和整合家庭、社区等多方资源,构建教育共同体,形成"大教育"环境。我校特色教育共同体由下面几方面力量构成:

### 一、特色教育的专业支持团队

我校主动走出去向社会各方宣传我们的教育理想和追求,提出需求和帮助,以诚意获得了广泛的理解和支持,拥有由同济大学、香港科技大学、复旦大学、华东师范大学等高校,中国极地研究中心、上海市气象局、普陀区环境保护局、普陀区质量技术监督局等政府部门与科研机构,本市知名的课程、学科专家以及校友、家长等共同组成的专业支持团队。这些专家团队在学校办学理念、课程规划与教学、校本教材的编选、师生社会实践指导等多方面提供了宝贵的技术支持和专业指导,进一步拓展了全校师生的视野。

### 二、实践体验课程的校外基地

"环境素养培育"特色课程的特殊性要求促使学校积极开发实践体验课程

的校外实践基地,以满足师生的教学需求。

经过多年持之以恒的开发、建设和完善,我校目前已有中国极地研究中心、上海市气象局、上海老港废旧处理中心、上海科学节能展示馆、上海风力发电科普馆、公元太阳能黄岩生产基地、瑞士吉博力集团生产基地、江苏常熟蒋巷村沼气利用和污水治理实践基地、周庄生态实践基地、长征镇社区等多家社会实践基地和共建合作单位。

### 三、特色教育的校际研修伙伴

我校注重与国内外兄弟院校的交流合作。多年来,与德国汉诺威莱布尼茨中学、英国高登思中学、美国北跨中学、韩国启圣中学建立了长期稳定的交流合作关系,为学生提供了解异国文化、拓展视野、提升素养的对外交流平台。与周边社区、街道和20多所兄弟学校组成大型教育联盟,形成了长征镇优质教育发展共同体,致力于资源共享和品牌的共同打造。此外,我校还与莘庄中学、嘉定二中、朱家角中学等区外学校建立了合作交流关系。

### 四、特色教育的志愿者团队

我校还拥有一支由家长、校友、高校研究生和本科生、社会服务机构共同组成的支持学校特色发展的志愿者队伍。他们的主要任务是参与课程的开发和评价、学生课题研究的过程指导、为学校特色发展献计献策等,用无私的付出助推学校的进一步发展。

通过多年的努力,我校形成了"8个有"的特色建设社会支持系统:有专门机构和人员(特色课程建设工作组、特色课程研究中心)负责社会资源的开发利用,有固定的来自高校、科研机构(如同济大学、上海大学、中国极地研究中心等)的专业人员组成的兼职特色课程教师团队承担特色课程的开发和实施,有特色课程教研组定期组织兼职教师研究特色课程实施进程的问题和对策,有相关的专业部门和单位(如上海市气象局、吉博力公司等)有长期合作的企业单位、有固定的实践基地(如老港废旧处理中心、极地研究中心、普陀体育馆、华文教育基地等),有一批国内外合作开展环保项目研究的中学(其中国外学校4

所)、有大量具备相关专业背景的家长和校友组成的特色课程志愿者队伍,他们共同参与、大力支持学校的特色建设,形成了相对稳定的运行机制(见图10－2)。

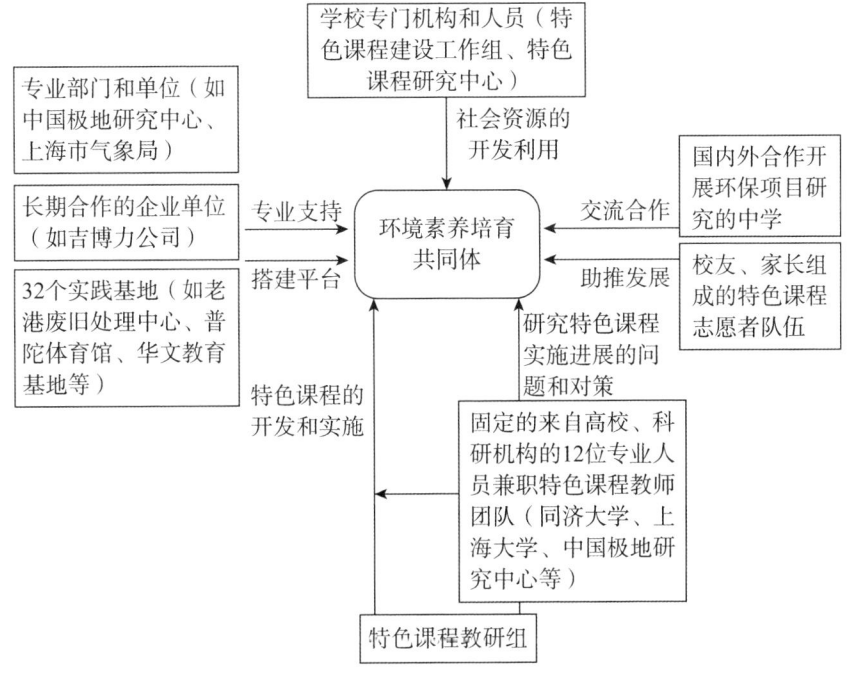

图10－2 "环境素养培育"的支持系统及运行机制

## 第四节 "环境素养培育"的硬件设施建设

相对学科教学,"环境素养培育"特色课程更关注学生的实践体验,更注重对学生实践能力的培养。因此,动手实验操作就成了"环境素养培育"特色课程的一个重要组成部分。其中,实践部分可以通过校外共建合作基地来满足教学要求,而作为中学生获取科学知识和检验科学知识的重要场所——校园,则需要通过改建或者新建更多符合要求的实验室来满足日益丰富多元的教学需求。

实验室是开展实验教学的重要场所,也是培养学生创新素养的重要平台。加强实验室设计和建设是搞好实验教学、培养学生创新精神和实践能力的重要途径。我校在以"环境素养培育"实验室群建设为主要内容的硬件设施建设中，打破了"实验仅限于理工科"的传统观念，建设了"环境·科技"类实验室群和"环境·人文"类与"环境·心理"类特色场馆群，让学生在科学和人文探究体验过程中，激发学习情趣，转变学习方式，提升人文涵养，培养创新精神和实践能力。

## 一、"环境·科技"类创新实验室群建设

在实验室建设过程中，我校形成了校园"实验场"的建设理念，旨在充分挖掘、激活和释放校园各个元素的育人功能。在设计和建设实验室时，注重在空间上打破室内外界限，将实验功能与生活功能相结合，因地制宜地让实验室融入校园的自然特征之中。

（一）绿色能源实验室群

绿色能源实验室群由绿色能源综合教室、绿色能源互动体验室、绿色能源资料查阅室和绿色能源创新工作坊四部分组成，是一个集实验展示、动手实践、生活体验于一体的较为完备成熟的系统。其每部分都有明确的功能，分别为：

1. 绿色能源综合教室

该教室集授课、楼顶风光互补发电系统监控、学生分组实验、学生作品展示和工具、材料储纳诸多功能于一身。教室内的监控终端可观察到屋顶风光互补发电系统的实时画面和实时工作数据，包括风速、输出功率、输出电压和输出电流，并将数据记录在终端中，可随时查阅。

2. 绿色能源互动体验室

配置了各类与绿色能源相关的演示实验、趣味实验和专业实验装置，如太阳能电池特性测试仪以及3D打印机。学生可以通过互动式、体验式的实验装置直观地了解、探究绿色能源技术的各种原理和产生的效果，同时也给学生更多地展示自己创新作品的空间。

3. 绿色能源资料查阅室

配置了计算机和相关信息材料，方便学生及时查阅所需的文献和资料，并用于存放历届学生的论文。

### 4. 磨砺坊

配置了各种先进的工具和材料,是一个使用安全、工具齐全、材料充足的专用创新制作孵化区。

### (二) 水技术与环保实验室群

水技术与环保实验室群由1个室内实验室和2个室外实验室组成。

#### 1. 室内实验室

建筑面积约120平方米,分为常规水分析实验室与精密仪器实验室。内有分光光度计、台式浊度仪、便携式多参数测定仪、数显恒温磁力搅拌器、电导率仪、电热鼓风干燥箱、有机玻璃分层采水器等等仪器,在其中可开展水中碱度、硬度、溶解氧、悬浮固体、化学需氧量(COD)等水质指标的测定,净水原理与装置探究。

#### 2. 中水回用实验室(室外)

与瑞士吉博力公司合作建成雨水回用系统。该系统能收集600平方米屋面雨水,经过处理后的水用于绿化浇灌、卫生间用水,每年可节省650立方米自来水。

#### 3. 人工湿地实验室(室外)

由同济大学环境学院、景观学院专家联合指导设计而成。该系统收集虬江河水,采用水平潜流人工湿地对污水进行高效净化,净化后的水流入小溪,涓涓细流既是校园中靓丽的风景线,也是我校绿化用水的主要来源。学生能观察小型生态系统、观测湿地净水过程、进行水质测量等探究实验。

### (三) 生物创新实验室群

生物创新实验室群由3个室内实验室和1个室外实验室组成。

#### 1. 生物创新室内实验室

配备光学显微镜、亚硝酸盐检测仪、二氧化碳传感器、暗箱、恒温箱、电磁炉等设施设备,为学生开展绿色校园植物多样性的调查、各种生物创新实验和植物资源保护与可持续利用的探究提供良好的场所。

#### 2. 屋顶温室(室内)

屋顶温室位于实验楼顶楼,采用360度全玻璃设计,保证温室内植物的光合作用,并配备了喷雾加湿浇水系统,保证温室的湿度。温室主要分为五部分:管道水培系统、果蔬种植区、垂直植物墙、创意培植区和沙生植物区,让学生充分体验培育不同植物的过程,了解植物生长的基本规律,并在实践、观察、记录和思考的过程中激发思维,提高科学素养。

3. 餐厨垃圾处理实验室(室内)

配置餐厨垃圾源头无害化处置设备,利用微生物分解餐厨垃圾技术,在距离人们最近的垃圾产生源头,对占生活垃圾总量60%—70%的餐厨垃圾进行分解处理。依托特有微生物高效、强力的分解能力,以及为之设计的处理系统,把整个有机垃圾降解过程从几个月缩短到24小时之内,剩余物为浓缩有机质,让学生对湿垃圾的回收利用有更直观的认识。

4. 校园植物(室外)

以整个校园为实验室,园内主要植物60多种,分为草本、藤本、灌木和乔木四大类,涉及36科52属,由师生共同配置信息二维码,供学生随时学习查阅。

(四) 新源坊综合实验室

新源坊是一个由50千瓦太阳能嵌入式屋顶覆盖的200平方米空间,所发电力直接并入办公楼电网,并安装有8吨的雨水收集装置,实现了内部40平方米温室园林的自给自足。该区域是教师、学生课后进行沙龙式讨论的场所,也是学生直观了解太阳能发电系统的平台。

(五) 气象实验室群

气象实验室群由1个室内和2个室外实验室组成,设有自动和手动2套大气环境采样仪、自动气象站检测仪、微电脑气象数据采集仪等设备。学生可以采集大气样品并分析大气成分,掌握大气监测的方法,并实时监测温度、湿度、风速、风向、降水量等多种气象参数,掌握气象观测的基本方法。通过互动式、体验式的课程学习,激发学生学习地理的兴趣和热情,理解大气环境的重要性。

二、"环境·人文"类与"环境·心理"类特色场馆建设

在人文与心理类特色场馆的设计和建造上,将中华传统、学校精神等文化元素融入其中,增强人文类场馆的价值导向、文化传递和心灵滋养功能。

## (一)"'赤子'文化"校史馆

以时间为轨迹,结合各时代历史重大事件,展示了曹杨中学60多年的发展历史、办学过程、不同时代学校面貌及校友风采,展现了学校优良传统与校园文化,是我校德育的重要课堂、宣传赤子文化的窗口、联系校友的平台、校史研究的基地、活跃校园的阵地。

## (二)"学与思"综合图书馆

"学与思"综合图书馆建筑面积约为1862平方米,藏书8万余册,各类报纸、杂志260多种,包括外借阅览室、参考阅览室、报刊阅览室、教师资料室、电子阅览室等分类馆,是丰富学生文化知识,开阔学生视野,提高学生的阅读与写作能力,培养学生热爱读书良好习惯,促进学生学习成长的良好平台和开展学校精神文明建设有效途径。

## (三)"心境界"心理健康综合实验室

"心境界"心理健康综合实验室由心理松弛室、沙盘游戏室、团体心理辅导室、心理辅导活动教室、心理辅导室、心理阅览室等多个教室组成。轻松、自然的布置格局,精心设计的心理辅导方式,丰富多样的青少年心理图书,可以使学生感觉温馨、松弛,并有安全感,帮助学生了解自身心理发展的状况,消除心理障碍,恢复和保持健康心理。

## (四)"发现者"艺术创作室

"发现者"艺术创作室是一个集美术教学活动、书法教学活动及美术书法兴趣小组互动为一体的多功能活动室,一个完全可以提供给学生任意挥洒艺术灵性的空间。在这里,学生们可以进行各种手工制作、毛笔书写和绘画创作,在实践体验中挖掘学生潜力,培养学生发现美、鉴赏美、创造美的能力。

## (五)"思想者"分享互动室

"思想者"分享互动室内开放式的圆形课桌,面对面的研讨授课,旨在打破传统的课堂模式,开启互动式的教学方式,增进师生的关系,提高学生的团队合作能力,让学生在交流探讨中学会学习,学会用批判性思维思考问题、处理问题并解决问题。

## (六)"身与心"艺体馆

"身与心"艺体馆由乒乓球馆、风雨操场、射击馆、手球馆、羽毛球馆、篮球场、田径场、足球场、音乐教室、美术教室、形体房等10多个场馆组成,设备齐全,功能多样,是学生开展各类大型文体比赛、文体活动、文体专业训练的最佳场所。

（七）"菁影空间"现代传媒演播中心

"菁影空间"现代传媒演播中心包括演播室实景区、演播室虚拟区、视频源及直播画面监视区、编播操作区等功能区,具有校园广播、视频直播、录播、转播等功能。由学生组建校园广播台小组进行自主管理,提高主人翁意识,方便师生之间、学生之间的交流,培养学生多方面自学、动手能力、团队互动的能力。

特色实验室和特色场馆的建设,为教师的教和学生的学提供了非常丰富的教学与实践体验空间,让教师们能够将抽象的书本知识与鲜活的生活情景结合起来,从而增强教学的实效;让学生们能够通过亲身体验、亲手操作,做到学以致用,知行合一。

## 第五节　"环境素养培育"的管理保障建设

"环境素养培育"特色教育的有效开展需要强有力的管理来保障支撑。我校通过机构、制度、人员等方面的改革,构建起促进特色发展的管理支持系统,以支持系统的架构和有效运行保障特色建设工作的有序开展。

### 一、实行校长负责制,整体规划特色建设

为了加强特色建设的设计、组织、领导,我校实行校长负责制来抓规划制订、抓教育科研、抓队伍建设规划,整体规划和科学引领学校特色创建工作。

在2012—2015年学校发展规划中,我们明确确立了探索特色育人、创建特色高中的发展目标。在规划的实施过程中,特色创建工作得以有效落实,并取得了明显的成效。

2014年,我们制订了"'环境素养培育'特色高中创建三年规划",根据学校传统、实践基础、社会和学生发展需求确定了学校的发展特色,整体架构了学校特色育人体系、特色课程体系,对教师团队建设、硬件建设等方面工作进行了

总体规划和全面设计。特色创建规划的制订使学校特色建设工作有了清晰的定位和发展路径,同时也是对原有规划的完善和提升。在此基础上,制订了2015—2020新五年发展规划,进一步明确了"坚持正确方向,建设充满时代气息,质量优秀,开放融合的上海市特色学校"的办学目标和"提升内涵,兼容并包,做强特色,可持续发展"的办学思路,绘制了特色发展的远景蓝图。

此外,我们坚持以教育科研引领特色建设,开展了多项引领和支撑特色创建的课题研究。多年来,陆续开展了国家级课题"可持续发展教育视角下的校本课程开发和研究",以可持续发展教育的理念审视学校校本课程的现状,研究存在的问题,为完善"环境素养培育"特色课程方案提供了明确的科学依据;开展上海市级课题"高中生'环境素养培育'德育课程的一体化研究",深入探索培育中学生环境素养的德育课程体系和教育模式;开展区级课题"中学生'环境素养培育'的实践研究",全面分析现有中学生环境素养教育的现状、特点和不足,根据中学生年龄特点、知识结构等实际情况,确定中学生环境素养的内涵和目标要求。通过上述课题研究,转变了教育观念,深化了课程建设,探索研究了"环境素养培育"特色教育的有效策略和方法,科学引领了学校特色发展方向。

在整体提升教师队伍综合素养的同时,我校高度重视特色课程教师团队的建设,为特色发展目标的完成提供充足的人力资源保障。为此,采取了三方面措施:一是通过形式多样、内容丰富、关注教师个体需求的培训来提升特色课程教师的专业素养;二是通过开发利用社会资源,建设了一支主要由高校和研究机构专家组成的校外兼职教师团队,弥补了本校教师的专业局限,提升了队伍的专业水准;三是长远规划,引进复旦大学、上海交通大学、同济大学等著名高校中拥有"环境素养培育"专业背景的优秀毕业生,使现有特色课程教师的专业和年龄结构更趋合理。

**二、建构促进特色发展的学校管理支持系统**

(一) 组织机构设置

我们成立了以校长为组长的特色建设领导小组,负责规划制订、方案决策、指导督查;成立由分管校长为组长的特色建设工作小组,负责指导规划实施、落实具体措施、发现处理问题、检查反馈情况;成立以特色课程教研组为骨干的特色课程研究中心,负责研究课程建设方案、开发论证课程、课程实施管理、课程全程评价;成立后勤保障组负责特色实验室建设、特殊设备的配置与维护、校园整体节能指标监控、校园环境维护。组织机构的构架与职能如图10-3所示。

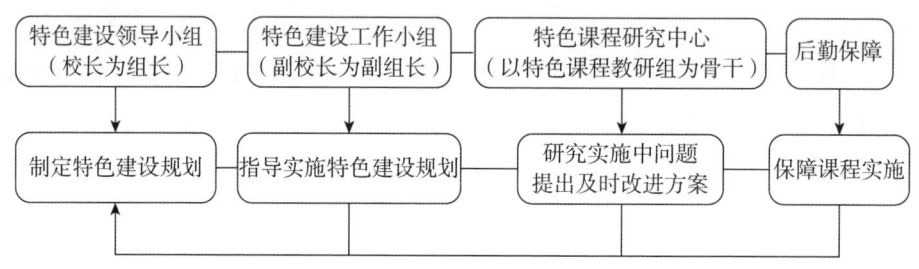

**图10-3　组织机构的构架与职能**

### (二) 配套制度建设

我们制定了一系列配套制度,保障特色建设的顺利进行。进一步完善了《曹杨中学管理制度手册》,规范学校各项工作;制定《曹杨中学特色课程教师的评定和奖励条例》,从分配和奖励上保障和激励教师在特色创建中的贡献;制定了《曹杨中学课程视导方案》《曹杨中学特色课程审核制度》和《曹杨中学特色课程全程评价方案》,以保证特色课程的质量和实施成效;制定了《曹杨中学综合素质评价方案》,追踪学生的发展轨迹,促进学生综合素质的提升。此外,还设立了"赤子"奖学金和助学金,表彰能责任担当、自主力行,特色充分发展的优秀学生。

### (三) 形成运行机制

通过组织架构、制度建立、人员配置、设施保障等工作,我们全面构建起保障特色教育顺利开展的管理支持系统。为了进一步提高特色教育的有效性,我校特别重视评价与反馈环节,通过校内视导、学生评教等过程监控、评价反馈,不断提高管理质量,并根据学生的实际需求完善课程内容和实施方式。

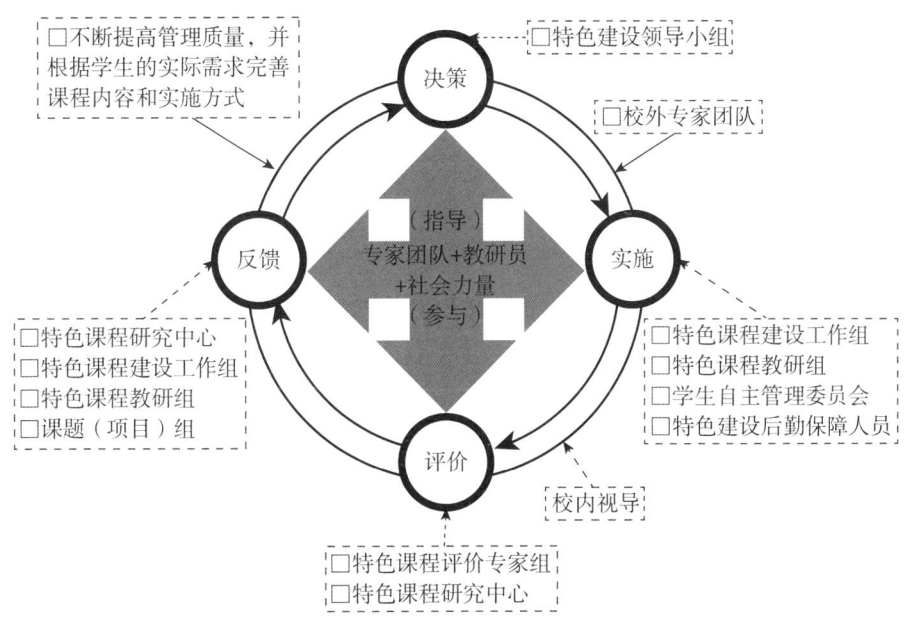

图 10-4 "环境素养培育"特色建设组织运行图

（四）人人参与，各司其职

在"环境素养培育"中，曹杨中学形成了人人参与的格局。教师全员参与"环境素养培育"，各司其职：特色课程教师主要负责特色课程的开发、实施与完善，环境意识态度的引领与培养、学生研究性学习的指导等工作；学科教学教师主要负责环境意识态度的引领与培养，进行相关知识、技能的学科教学渗透，开展学生自主学习的指导等工作；教辅人员主要负责实验设施设备的维护保养，辅助教师对教学过程进行管理，学生自主性实验的辅导等工作；总务人员参与设施的建设、实验耗材的购置、校园环境的维护、校园节能情况的监测等工作。

在多年的探索实践中，我们越来越深刻地认识到有效开展"环境素养培育"特色教育是一项需要统整学校教育各个要素、调动校内外各种教育资源的系统工程，建立能全面统筹、系统化的保障机制至关重要。因此，我校多年来致力于构建结构清晰、责任明确、功能优化、具有可操作性的特色教育保障体系，从人力资源、制度建立、机构设置、硬件建设、实施运行、资源整合等多方面着手，基本建构起系统化、效率高的"环境素养培育"特色教育的保障机制，为"环境素养培育"特色教育的有效实施和可持续发展奠定了牢固的基础。

# 第十一章 "环境素养培育"特色教育的成效

在生态文明建设和教育综合改革的大背景下,"环境素养培育"的"大环境"育人理念和倡导责任担当、关注个性发展、关注实践体验等特点,使我校特色教育焕发出蓬勃的生命力,彰显出了鲜明的特色。

通过多年持之以恒的践行,我校开展的"环境素养培育"实践探索取得了比较显著的成效。根据上海市教育评估院网上无记名测评的结果显示,学生、家长、教师对我校教育教学、课程设置等方面的满意度均达到99%以上。我校先后被评为国际生态学校(绿旗荣誉)、联合国教科文组织中国可持续发展教育项目国家实验学校、全国环境教育先进集体、上海市科技教育特色学校、上海市野生动物保护科普特色学校等。2017年4月通过上海市教育委员会组建的特色普通高中评审组的评审,由上海市教育委员会命名授牌,我校成为上海市第一所(唯一免予复评)"特色普通高中"。

"环境素养培育"特色发展遵循现代教育的规律,倡导积极健康的世界观、人生观、价值观,回应了当下时代对人才的更高需求,满足了学生个别化发展的现实需要,校本化落实了立德树人的根本任务,也切实推动了我校的教育教学改革,促进了教育质量的提高,整体提升了学校的办学品质。

## 第一节 "环境素养培育"特色教育中教与学方式的转变

"环境素养培育"特色教育注重与实际生活紧密联系,关注学生的实践体验,强调知识的跨学科、跨领域应用。在实际操作中,无论是实施策略还是实施方式都与传统的课堂教学模式有很大的不同,这对教师和学生都是很大的挑战,也使得变革教与学方式、构建具有特色的课堂文化势在必行。

因此，我校注重教与学时空、教学方式和学习方式三大要素，运用现代信息技术，改进教学方式，优化课堂教学，初步形成了"自主·合作·探究·体验"的课堂文化。

### 一、教与学时空的拓展

在教学过程中，我们尝试打破教与学时空界限，注重教学的课内课外相结合、学科内外相结合、线上线下相结合和校内校外相结合；面向全体学生开放实验室，鼓励学生通过自主探究学以致用，将课内知识学习与课外实践探究相结合；打破学科界限，整合各学科知识，依托学科内外结合致力于具体问题的分析和解决。特色课程教师和学科教师在进行线下实时指导的同时，借助现代信息技术，打破传统教与学的时空界限。例如，打造选课平台，方便学生选择个性化课表；设置"互联网+"课程、微视频、"慕课"等线上课程，方便学生进行自主学习，拓展学习广度；开发学科"个性化自适应"智能作业平台，关注学生个体差异，提高作业练习的针对性和有效性；开通网上答疑平台，及时、个别化地答疑解惑等。此外，充分利用上海市丰富的场馆资源和各类实践基地，让学生通过实地探究，丰富学习体验，建立抽象知识与实际生活的联系。

### 二、教学方式的变革

"环境素养培育"特色课程与生活情景紧密相连，具有注重自主体验、合作探究的特点，给予了学生更多发挥潜能、特长的空间，使学生在传统课堂教学中难以展现的专长在特色课程中得以发掘和呈现。这种教学生态反过来促进了教学方式的变革，使教师在教学中做到"四个关注"：一是关注知识与生活情境的关联。搭建学科知识和现实生活的桥梁，通过具体生活情境的创设，将抽象的知识具体化，引导学生整合、运用课堂知识解决现实生活问题，实现学以致用。二是关注课堂中的生成性问题。以学生为主体开展课堂教学，及时抓住学生在课堂中的生成性表现，充分激发学生的智慧和潜能。三是关注学生的思维深度。以精心的问题设计和导引，激发学生深度学习。四是关注学生的学习体验。在放手让学生通过探究体验学习和掌握知识技能的同时,关注学生的体验感受,适时给予辅导与帮助。学校连续多年开展课堂教学改革的探索实践,主题分别为:2012年"有效课堂教学下的分层作业设计";2013年"反思课堂教学行为,提高课堂教学效益";2014年"关注学生学习过程,提升学生学习实效";2015年"高考改革下课堂教学策略的改进与实践——四个关注";2016年"反思课堂教学行为,关注学生的思维深度"。这一系列主题探索实践助推了教学观念与行为的转变。

### 三、学习方式的变革

在大力促进教学方式变革的同时,我校教师在基于课程标准的前提下,引导学生通过"三多、三重、三关注"(多感官、多途径、多环节;重探究、重实践、重体验;关注知识的联系、关注知识的迁移、关注知识的应用)的混合型学习和综合性学习来促进学习方式的转变。形成了"基于问题、基于实践、基于网络和基于实验室"的多途径学习和"问题激趣、任务驱动、合作探究、感悟力行"重视思维过程的多环节学习,初步构建起"自主·合作·探究·体验"的课堂生态。目前,学生通过各种实验探究开展研究性学习已经成为日常学习的重要方式,各类实验室的使用率逐年提高。仅以绿色能源、水技术与环保、校园植物研究系列课程实验室使用率为例,平均每年有近3万人次使用,使用率超过300%。化学、生物、历史、语文等学科走出校门,在玻璃博物馆、昆虫馆、上海博物馆等场馆授课。很多研究性学习活动在网络平台上完成,例如英语学科的阅读、听说使用自适应智能平台,满足了学生的个性需求。这样的学习方式虽然看似放慢了节奏,但丰富了学生的学习体验,增强了学习兴趣和自主意识。

## 第二节 "环境素养培育"特色教育中教师素养的提升

随着"环境素养培育"特色教育实践的深入开展,曹杨中学教师的综合素养得到明显提升,爱岗敬业的责任意识增强,教学观念转变引发教学方式转变,研究能力和教学能力大大提高。

### 一、教师队伍素养整体提升

（一）责任意识明显增强

在对学生开展"环境素养培育"的过程中,我校教师对环境素养的内涵有了更加深刻的理解,具体表现为:

对特色的缘起和学校文化的进一步认同转化为强烈的责任担当意识。在日常教育教学和特色教育实践中虽然常常会遇到各种挫折和困难,教师们没有畏惧,没有退缩,秉持"曹杨人"强烈的责任感,凝神聚气靠智慧和努力攻坚克难,最终成就了我校的特色发展。

对"环境素养培育"的认识转化为团结协作、精业爱生的工作态度。"环境素养培育"倡导与周围环境和谐共生、协同发展。我校教师自觉将这样的价值观融入日常的态度和行为中,营造起了人际和谐、互帮互助、勤奋钻研、关爱学生的教育氛围,助推了"和谐共生"心理场的形成。

对环境素养的内化外显为谦和、勤学、奋进的健康态度。"环境素养培育"特色教育,让教师的人生态度、言行举止在引导学生的过程中也得到潜移默化的影响,更加大气包容、积极上进,对学生起到很好的言传身教作用。

2012年以来,我校10名教师荣获上海市"五四青年奖章标兵""园丁奖""金爱心教师""育德之心"等荣誉称号。2017年,我校化学组被评为全国"巾帼文明岗",外语组被评为上海市"三八红旗集体"。

（二）研究能力显著提升

在"环境素养培育"特色教育实践中,教师队伍的研究能力进步显著。2012年至今,开展了一系列的课题研究。例如"注重学生个体差异的作业设计"（市级一般课题）,"高中生'环境素养培育'一体化课程的实践研究"（市级德育课题）,"家长参与以'环境素养培育'为载体的'责任教育'课程的实践研究"（市级德育课题）,"校园人工湿地实验室的开发与利用"（市级青年课题）等。

近年来,我校教师在国家级、市级刊物上发表论文100多篇,其中《巧用人工湿地,构建生态课堂》获"2017年中国可持续发展教育项目优秀案例评选"二等奖。《校园实验场　玩转水世界——水技术与环保创新实验室案例》荣获"2016年上海市中小学创新实验室建设案例评选"一等奖。我校自主开发特色课程46门,编写配套教材及实验手册共48册,其中《气候与环境——高中生应对气候变化行动》由中国气象出版社出版,全国公开发行。

（三）教学能力大为提高

"环境素养培育"特色教育实践促进了教师教育理念和教学行为的转变,体验式、活动式育人的意识和能力得以强化。曹杨中学涌现出了一批特级教师、区学科带头人、高级指导教师、岗位能手和教坛新秀等教学骨干。2014年至2016年我校教师参加"普陀杯"教师专业能力评优活动,英语、体育、音乐学科获教学大赛一等奖;语文、数学、英语、地理、化学学科获二等奖。其中,一等奖获奖教师的平均年龄为26.7岁,二等奖获奖教师的平均年龄为31.7岁。仅2017—2018年两年中就有20多名教师在各级各类专业能力评优活动中获等级奖。其中1人获全国现场优质课竞赛活动特等奖,4人获教育部"优课"奖,4人获市级教学比赛一等奖。

特色课程教师在"环境素养培育"教学实践方面也屡获殊荣。例如,特色课程教师多次分获"上海市中小学生自然保护特色教育十佳"称号、"第二十九届青少年科技创新大赛实践活动"上海市一等奖、全国二等奖,"2014年第10届上海市未成年人生态道德教育研讨会"活动奖,2015年"第9届'地球小博士'全国地理科技大赛"全国优秀指导一等奖,"2015年度上海青少年科普宣传先进个人","首届上海市中小学教育信息化应用推进大赛"高中名校慕课网红教师(全市仅6名)等殊荣。2017年两节"环境素养培育"特色课程微课还荣获"第二十一届全国教育教学信息化交流展示活动"上海赛区"基础教育组微课"二等奖。2018年3位教师经中国气象局推荐参加全国科学实验展,参展作品《找出嫌疑人:热力环流实验》获得全国二等奖。

近三年来,我校教师还指导学生在各级竞赛中获奖30多项,其中国家级奖项34项,市级奖项105项。特色课程教师指导学生在各级各类竞赛中也成果喜人。仅以2015年为例,特色教师教研组辅导参赛学生斩获环境科技类奖项57项,其中,市级及以上40项,区级10项。

## 二、积极发挥对外辐射作用

（一）开展教学交流展示

2013年至今,我们开展区级及以上教学展示交流活动54次,其中由上海市教研室主办、学校承办的英语学科"以读促写""写作教学""教师的学习共同体"研究成果三次向全市展示;语文学科"教学内容的确定与学习策略指导"研究成果于2013年向全市展示;政治学科"我们需要哪些邻里道德"主题研讨2014年全市展示。2014年10月,于维明老师为全区拓展课教师开设题为"绿色能源课程学生创新成果展示"的示范课;李立纪老师多次在华东师范大学校长培训中心为来自全国各省市的骨干教师开设题为"虬江河水质检测——总碱度的测定"和"虬江河水质分析与净化"的示范课。2012年至今,我校与河南、贵州、宁夏等多个学校开展同课异构31次;与来自四川、浙江、安徽、福建、广东等省市学校教育教学研讨26次。

（二）进行经验成果分享

学校特色课程教师还将实践中获取的经验对外示范辐射,多次开展针对外省市、市区同行的专题讲座和公开课。例如,2015年,我校作为上海市教师代表赴香港参加上海市特色发展教育展示,并做了"上海市曹杨中学的环境特色培育实践经验"的主题发言;2016为全市化学教研员和部分化学教师做了题为"通过特色课程的活动设计关注学生学习体验"专题讲座;我校的"绿色能源""水技术与环保""校园植物研究"三门区域共享课程自2012年起,一直对外开放,供来自国内外同行参考借鉴。

由此可见,"环境素养培育"特色教育实践的开展,不仅对教师队伍综合素养的提升大有裨益,使教师们拓展了视野,丰富了学识,增强了能力,而且对我校特色文化品牌的塑造和特色建设的可持续发展有着积极的推动作用。

## 第三节 "环境素养培育"特色教育中学生综合素质的提升

学校的特色发展归根结底是为了学生全面而又有个性地发展。研究数据显示,通过"环境素养培育"我校学生包括环境素养在内的综合素质得到显著提升：他们与"大环境"和谐共生、协同发展的意识不断增强的同时，视野得以开阔，知识领域得以拓展，知识结构逐步优化，团队合作精神和动手实践能力明显提高，创新思维得以激发，科学的品质得以培养，生涯发展方向不断明确，逐步养成了绿色健康的学习和生活方式。

### 一、环境素养整体高于同类学校

联合国可持续发展教育委员会与华东师范大学采用国际通用的"新生态范式"（NEP）量表与田纳西自我概念量表，对本校和区内外6所市区实验性、示范性中学高中一、二年级学生以及湖北省两所高校大学生，就有关环境情感、环境行为、环境知识与技能等环境素养的相关指标进行测量（见表11-1）。

数据统计分析发现，除自评的"环境知识和行为意愿"两项数据之外，我校学生的各项指标均高于其他学校学生，也高于参加测评的高校学生。据专家分析，自评数据低的原因在于"学，然后知不足"。也就是说，随着环境素养的提升，我校学生对自身的相关要求也不断提高，因此出现了自评分数低的现象。此外，从本校初中直接升入的高一新生的环境素养相关数据明显高于其他初中升入本校的高一新生（见图11-1）。本校高二年级学生的环境素养相关数据也明显地高于本校高一新生（见图11-2）。

表11-1 曹杨中学学生与其他高中学生环境素养对比分析表

| 测评变量 | 项目数 | 值域 | 极小值 | 极大值 | 中位数 | 平均值 | 标准差 | 曹杨中学 |
|---|---|---|---|---|---|---|---|---|
| 自评环境知识 | 8 | 32 | 8 | 40 | 28 | 28.51 | 6.32 | 27.39 |
| 真实知识内容 | 10 | 10 | 0 | 10 | 6 | 5.91 | 2.20 | 6.11 |
| 自评环境技能 | 10 | 40 | 10 | 50 | 30 | 30.5 | 9.36 | 31.84 |
| 环境世界观 | 15 | 35 | 40 | 75 | 57 | 55.77 | 7.54 | 59.41 |
| 情意变量群 | 13 | 52 | 13 | 65 | 49 | 48.09 | 9.21 | 50.80 |
| 环境行为 | 15 | 60 | 0 | 60 | 41 | 41.06 | 10.71 | 43.22 |
| 心理健康 | 15 | 39 | 35 | 74 | 52 | 52.34 | 7.32 | 56.07 |

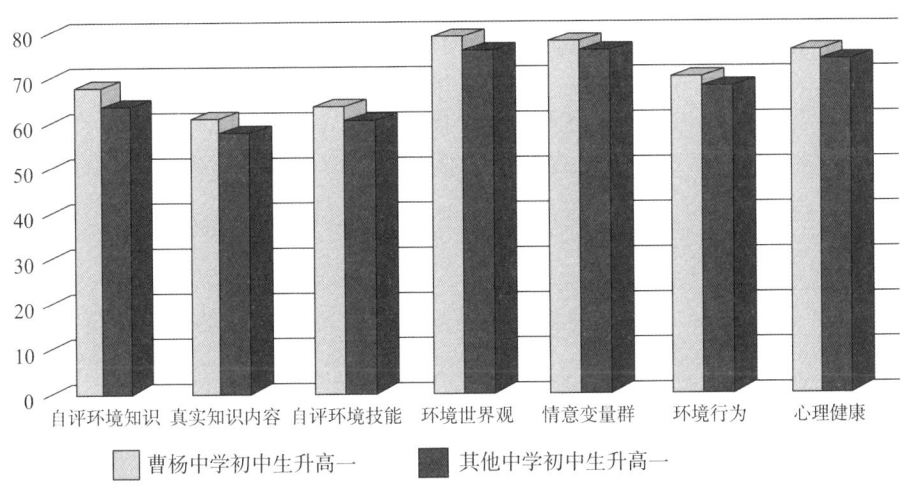

图 11－1　我校初中升高一学生的环境素养高于其他初中升高一的学生

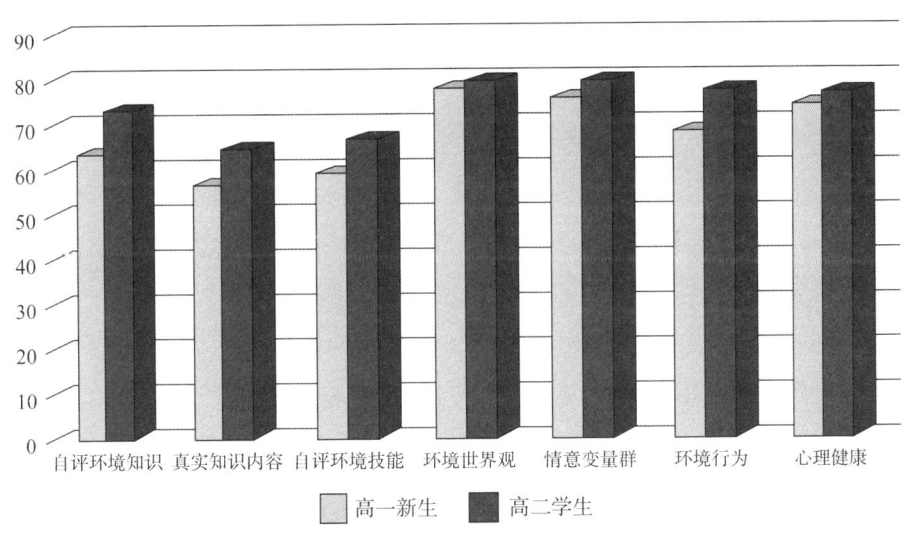

图 11－2　我校高二学生环境素养高于高一学生

## 二、探究能力持续发展

近年来,我校通过实施以"环境素养培育"为特色育人载体培养学生可持续发展必备素养的实践探索,造就了一大批有个性、有特长、爱研究、勤实践的学生,在各级各类竞赛中屡获殊荣。

"环境素养培育"聚焦于"生活中环境问题"大主题,使学生容易找到感兴趣的课题。主题式的课题研究方式也能促进学生运用多学科知识开展课题研究或项目设计，提高跨学科运用所学知识正确解决问题的能力。课题研究从原来部分所谓尖子学生参加的活动已经演化为人人有课题、课题有质量。2017年至今，连续三年的第三方认证结果表明，我校学生课题的优秀率从27.2%上升到53.9%。课题选择有广度、有深度，内容涉及环保、社会安全、历史文化、心理健康等诸多方面。

2014年至今参加区级以上各类竞赛获奖共计570项，多名学生被授予上海市"明日科技之星"称号，多位同学在全国、上海市科技创新大赛、全国中学生水科技发明比赛、未来工程师大赛、"金钥匙"中小学生科技竞赛、上海市中学生物理学术竞赛、头脑OM等各级科技类大赛中获奖。例如我校学生设计的"新能源广场时钟"和"水处理环保项目创意设计"获得上海未来工程师大赛金奖；"多功能模块化水质检测与利用系统"在全国400多件参赛作品中脱颖而出，获2015年"第十三届全国中学生水技术发明暨斯德哥尔摩青少年水奖中国赛区决赛"一等奖；2018年我校学生的课题研究成果获得32项"上海市创新大赛"等第奖。

### 三、优良品质日渐彰显

（一）品质胜过奖牌荣誉

与奖牌和荣誉相比，我们更看重的是通过"环境素养培育"让学生养成勇于担当、团结互助、严谨求实、积极探索、敢于创新、不畏挫折等优良品质，个性特长得到充分激发。它表现在六个方面：

一是通过参与丰富多彩的实践体验课程，学生发现了自己的兴趣和潜能，变得自信、开朗。例如，2014届毕业的一位学生，生活在单亲家庭里，主要由祖父母抚养。他刚入校时表达能力较差，但在参与绿色能源课程的过程中逐步找到了自信。2012年，他在参加青少年科技博览会上获得"上海市'明日科技之星'开放性论坛"一等奖，还竞选成为学生会主席，最后进入心仪大学心仪的专业，后续的发展也非常好，被所在高校选送公派出国深造，并以优异成绩考入英国帝国理工大学攻读硕士学位。又如2016届的一位学生，学业发展上存在比较大的困难,但在植物观察的过程中爱上了摄影。他经常利用周末回校拍摄,很多作品被校刊和学校宣传材料选用。在迷上摄影的同时,他的学习专注度也有了较大提高,最终考上了满意的本科院校。

二是学习的毅力和执着精神有了较大提高。例如,2016年暑期,在持续高温与学校配电房大修全校停电的情况下,有77名社团成员坚守在物候、大气监测、虬江河水质监测等岗位上,收集了各种科研数据。

三是学生养成了潜心研究、不计得失的优秀品质。有很多实验研究,例如物候观察,需要长期的数据采集才能取得成果,一两届学生是难以完成的,需要把数据一届届传递下去。学生们都明知自己这一阶段的研究不能出成果,没有任何奖牌和荣誉,但依然执着地坚持,欣然把自己的研究资料传给学弟学妹。

四是主动实践探究意识显著提高。每年暑期,我校仅高中部就有1000多人次的学生参与各种实践体验课程,参与率达到130%左右。学生们克服各种困难,积极主动投入实践探究活动,获得了丰富的学习体验。

五是把实践探究中养成的优良品质迁移到日常学习中,促进了学习方式的改善。特色课程为学生拓展了视野,丰富了体验,激发了潜能,很多学生学习能力和学习品质大大提升,才能得以展现。例如2014届的一位毕业生,父母不在身边,高中三年一直住校。他积极参加"绿色能源"等各类特色课程学习,潜能和才华得到充分激发,将研究精神和方法运用于日常学习中,最终考入清华大学。

六是能够以辩证的思维和理性的方式分析和处理问题。通过科学思维的培养,同学们学会客观理性地处理学习和生活中的困难,他们更善于与家长、教师、朋友谈心,找心理教师咨询,通过正常渠道求助和反映问题,也能辩证地分析复杂的社会问题。

(二) 主动担当社会责任

通过开展"环境素养培育",学生的社会参与意识和社会责任意识逐渐增强,在社会生活中能做到责任担当和自主力行。

我校学生有强烈的环保宣传意识,积极传播绿色健康生活的重要意义。例如2015年10月,我校学生参加了南极旗设计,作品在陆家嘴图书馆公开展出,有 10 幅作品被送往南极科考站展示;2016 年 1 月,在刘海粟美术馆与上海市东方青少年国际交流文化中心举办的"中韩儿童作品展"中,我校学生的 22 件有关绿色生活、中华传统文化、国际友好等主题的作品被选送参展;2016 年 4 月,"水技术与环保"社团 10 名学生参加第十三届上海市教育博览会,宣传节约用水的重要意义和净化水技术,深受参观者好评。

我校学生有强烈的社会参与意识,主动承担力所能及的社会义务。例如,针对虹江河水质污染问题向区环保部门和河道所提出治理建议,相关部门高度重视,积极回复了治理方案,实际上对了河水污染的治理工作起了积极的作用。我校师生还参与了上海市虹桥污水处理厂建造的前期环境评价工作,提出了有价值的参考意见和建议。2017 年,我校学生自发成立了"上海高中生环境素养联盟",提出"我们让城市生活更美好"的倡议,跨校开展"河长制背景下区域河流水质情况调研"等课题研究,还与同济大学学生联合开展"针对快递业隐私泄露及包装浪费问题的对策研究",收到了良好的社会效果。

我校学生有强烈的学以致用意识,自主将所学所获应用于社会问题的解决。例如,通过课题"植物补给系统"研究来解决高架道路下植物缺乏阳光和雨水的问题;通过"太阳能门牌灯"课题研究来解决夜晚小区门牌的照明问题等。这些研究成果都被运用到实际生活中,为相关部门和社区居民解决了难题。

(三) 自觉践行绿色生活方式

经过多年的"环境素养培育",我校学生对个人生活能自理自律,自觉践行绿色环保的生活方式,逐步养成绿色、环保、健康的生活习惯与行为举止,如随手关灯、洗手时注意控制水量、不浪费纸张、不用或少用一次性物品,减少垃圾产生,等等。学生们也有自治自主的校园生活,师生、生生关系和谐,团结互助,在校园中自觉维护和美化环境,规划和管理校园的责任区、生物角,观察和整理学校各类植物的分布和生长情况,创建学校的植物档案,自主管理全国首个集观测、会商、预报、播报为一体的"云知"气象站,提出校园节能"金点子"等。学生们还有自珍、自效的家庭生活和社区生活,在家里和社区中能尊老爱幼,节能环保,并劝告亲戚朋友共同践行绿色健康生活。

(三) 综合素养表现获得社会充分肯定

在每年的学军、学农实践活动中,我校学生无论是精神面貌还是纪律、参与活动的表现等都受到基地的高度肯定。比如,毕业年级学生每年参加体检,医院都反映他们严格遵守医院的要求和医生的导引,守秩序、懂礼貌,在同类学校中表现最佳。参加在北京举行的"NASA 太空城"设计比赛中,因为高度的自律意识和爱护环境的行为受到组委会的高度表扬。在赴德国汉诺威开展的游学课程中,据中德文化交流协会反馈,在同时访问的十几所中学中我校师生的各方面表现最佳。在赴美国开展的游学课程中,住家普遍反映与他们接待的其他学生相比,我校的学生尊重住家生活习惯,用餐礼仪好,不吃垃圾食品,礼貌守时,懂得谦让,上课积极参与交流互动。以上实例说明我校学生的综合素养表现得到了社会的广泛认可。

### 四、学业水平稳步提升

我校学生来源通常为全区中考成绩 60% 以后的学生群体,处于中等偏下水平。面对如此现状,我们探索研究如何将学校特色的发展与学生学业水平的提升相辅相成。在课程实施过程中注重指导学生通过自主探究来学习知识,掌握技能。结果表明,学生在特色课程上的投入不仅没有影响学生的学业成绩,关注实践体验、自主力行的学习方式还极大地促进了他们学业水平的稳步提升,2016 年高考本科率达到 97.79%,2017、2018 年均达到 100%。

总之,"环境素养培育"不仅大大提高了全体学生的环境素养,也让他们的整体素质得到显著提高。我校"环境素养培育"特色教育探索实践走出了一条切实可行的发展道路,为对中学生进行有效的综合素质培育积累了可借鉴的经验。

## 第四节 "环境素养培育"特色教育中学校整体发展水平的提升

通过多年的实践证明,"环境素养培育"特色教育实践与研究极大地促进了学校的整体发展。

### 一、成果产出多方面

学校形成了"环境素养培育"特色课程 46 门,配套教材 40 册,配套的各类实验手册和指导手册 8 册;建造了环境科技类实验室 10 多个,环境人文与环境心理类特色场馆 7 个;建设了一支理念先进、专业过硬、一专多能、团结协作、师生关系和谐的特色课程教师团队,以及来自于高校、研究机构专家组成的兼职教师团队;建立了校外实践体验基地 32 个;整体规划校园文化建设,在校园设计和建造中充分渗透特色元素,体现育人价值;完善了"环境素养培育"特色课程的评价体系等。

## 二、整体效果在彰显

在文化建设方面,学校关注文化立校和文化育人,以文化的视角来提升管理机制的活力,充分发挥文化育人的重要作用,构建了"环境素养培育"校园"育人场"。包括"责任担当"的校园"文化场":传承和发扬"含德之厚·报国之诚"的赤子文化和"担当责任·自主力行"的办学理念,通过文化熏陶、榜样激励、评价导向,渗透和倡导积极正向的价值取向;"和谐共生"的校园"心理场":通过人际环境的创设,辅以适时的心理干预和生涯发展辅导,营造尊重、平等、友爱的师生、生生关系和自信、自爱,坚韧、乐观的心境;"知行合一"的校园"实验场":充分利用人与环境的相互依存、相互影响的关系,打破空间界限,建设了 20 个室内外结合、与校园环境融为一体的创新实验室群。校园"育人场"的建设让师生浸润在文化熏陶、环境滋养、实践体验和人际互动之中,自主发展、健康成长。

在科研成果方面,我校"立德树人导向的'环境素养培育'特色教育实践与研究"获的 2017 年海市基础教育教学成果一等奖和 2018 年基础教育国家级教学成果二等奖。

在师生认同度方面,上海市教育评估院网上问卷结果表明,我校学生对特色育人的满意度为 99.6%,学生、家长对学校特色发展的满意度达 99% 以上。上级主管部门的调研数据表明,近 5 年来教职工对学校发展的认同度均保持在 97% 以上。

在学校荣誉方面,我校先后获得国际生态学校最高荣誉——绿旗荣誉、联合国教科文组织中国可持续发展项目实验学校、全国环境教育示范学校、中国可持续发展教育20年卓越团队、上海市第一所特色普通高中、上海市中学生行为规范示范校、上海市高中生生涯发展辅导项目学校、上海市野生动物保护先进单位、上海市科技教育特色学校等。

### 三、社会影响在扩大

（一）接待市内外各类团体访问

随着学校教育质量的提高，学校办学品质的整体提升，上海市内外各类团体不断来学校参观考察和交流访问，同时学校还承担了外省市赴沪培训"影子校长"培训任务，进行了学校特色创建的培训。

例如，自2012年起，学校先后举办了普陀区"创新实验项目区域共享课程建设展示推进会"、各类区级层面特色课程交流展示等，为兄弟学校开展共享课程建设提供经验借鉴。2015年至今，学校接待了来自贵州、甘肃、浙江、福建、江苏、山东、香港、澳门等外省市校长、骨干教师团队，开展同"项目异构"，让更多的同行了解"环境素养培育"的重要意义。

（二）共享特色课程与教材

学校绿色能源课程、水技术与环保、校园植物研究三门特色课程先后成为了区域共享课程，向全区的学生开放，兄弟学校的学生可以通过自主选修，每周五下午来我校参加课程学习。2016年，在我区共享课程创新实验项目"学生学习项目优化创意方案"的评比中，34个奖项里有14个奖项是由我校特色课程教师指导的，占总数的41%。

学校特色课程教材《头脑思维与创新》《礼仪美育》《气候与环境——高中生应对气候变化行动》等分别由上海教育出版社、少年儿童出版社、中国气象出版社公开发行。其中《礼仪美育》被市教委采纳为上海市中学生拓展课教材。目前，水技术与环保系列的"玩转水世界"、校园植物研究系列的"绿色校园、唯美生命"两门特色课程慕课在网上向公众开放。此外，我校的冬令科学探索营和夏令思维训练营也向社区学生开放。

（三）专题推广特色教育经验

2016年、2017年，上海市教育委员会先后两次召开全市范围的"曹杨中学创建特色展示会"和经验推广会。2018年,在教育部主办的全国环境教育教师培训会上,曹杨中学做了专题经验推广。学校学生会牵头成立上海市中学生环境素养联盟,有34所市内外、国外的中学加盟,并于2018年举办了首届"上海中学生环境素养论坛"。

上海市评估院的评价是:"曹杨中学的环境素养教育相关经验在全国具有一定的知名度,在上海领先。"

(四)扩大国际交流合作

学校于2012、2014、2015年3次承办了联合国教科文组织可持续发展会议,2019年承办国际环境小记者项目国家协调员会议。

学校多次在国际论坛上作主题发言,广获好评。例如,2013年10月,我校参加了在北京召开的"第六届北京可持续发展教育国际论坛",并做了"可持续发展视角下的校本课程开发和实施研究"的主题发言,获得了"可持续发展教育(ESD)项目创新奖"。2015年11月,在本校召开的"后联合国可持续发展十年计划时代——对环境教育的展望"会议上,以"让每位学生自主责任担当,力行绿色生活"为题,从办学理念、顶层设计、课程建设、资源建设等方面,介绍了我校对"环境素养培育"的实践和探索。

学校"环境素养培育"特色建设也受到了国际研修伙伴广泛赞誉。我校每年都与德国汉诺威莱伯利兹中学、英国高登思中学、美国北跨中学、韩国启圣高级中学等进行以环保科技项目为主题的交流互访,组织师生到对方学校进行两周的"同项目异构",共同完成太阳能装置设计、生态池塘设计等研究项目。2012年,我校的"低碳环保家园"设计获中国与英国大使馆文化教育处共同组织的中英校际交流项目优秀方案奖。2015年,我校被国家教育部国际合作与交流司命名为中美"千校携手"(生态)第一批全国示范学校,并在深圳举办的交流会议上做"唯美生命,唯美校园"的主题发言。2015年,我校被命名为中英种子基金STEAM项目学校。

(五)媒体广为宣传报道

随着"环境素养培育"特色的不断发展,《光明日报》《文汇报》《中国教育报》《凤凰网》《新闻晚报》等多家主流媒体对学校特色建设成果进行了报道。

例如,《光明日报》以"上海市高考改革为破除'唯分数论'打开通道"为题,大篇幅报道我校特色建设成效;《文汇报》在"研究性学习成为新风尚"栏目中报道了"环境素养培育"与研究性学习深度融合的成果。

作为中学教育综合改革实践典范,学校还多次代表上海接受中国教育电视台采访,上海电视台新闻坊栏目也两次报道了学校的"环境素养培育"成果。

学校立德树人导向的"环境素养培育"特色教育实践与研究正在路上,面对新问题,探索并完善特色育人的机制,是今后研究的重点。我们将继续对已有成果进行总结、提炼,通过实践检验,可以形成更多的可以迁移到教育教学综合改革中的经验,使我们的"环境素养培育"特色教育实践和研究,在以立德树人为目标的教育教学中发挥更加科学、更加有效的作用。

# 结　语

经过多年的特色教育实践探索，曹杨中学已通过评审和上海市教育委员会的命名，成为上海市首所特色普通高中。这是对全体师生多年的辛勤探索和不懈努力的充分肯定，也是对未来"环境素养培育"特色发展的激励和期许。回顾创建"环境素养培育"特色学校的历程，我们深深地认识到，"环境素养培育"特色教育的探索之路漫漫而修远，我们永远走在求索的路上。

"环境素养培育"特色教育是塑造人、完善人、面向未来的系统育人工程，培育学生的环境素养，是知、情、意、行统一的过程，是不断实践、体验、感悟、内化的过程。因此，我们始终坚持"环境素养培育"应该与现实的社会、经济、文化、生态以及人的实际生活相联系，注重培养学生面向未来的可持续发展的必备品格和关键能力，通过自主探究、实践体验去认识和学会正确处理人与自然、人与社会、人与自身心理之间相互作用、相互影响的复杂关系，探索和解决面临的各种环境问题，形成保护和改善环境的思维方式和行为方式，明白人类在环境系统中必须承担相应的伦理道德责任，最终培养出具有较强的社会生存能力、践行绿色生活方式、高度的社会责任感和良好的心理素质的现代公民。

多年"环境素养培育"特色教育的实践探索，让我们深深地认识到，"环境素养培育"特色教育要深入发展，必须要有大视野、大目标、大思路、大格局，必须站在立德树人的高度将"环境素养培育"特色教育与社会主义生态文明建设相结合、与践行社会主义核心价值观相结合。

习近平总书记多次强调，生态文明建设是中华民族永续发展的千年大计。生态环境是人类生存最为基础的条件，是持续发展最为重要的基石，因此，我们必须像对待生命一样对待生态环境，为中华民族永续发展留下根基。我们深入开展"环境素养培育"特色教育，就是要让学生树立起强烈的环境伦理意识和环境责任意识,充分认识和理解维护良好的生态环境不仅是当代人生存发展的需要,也是为了中华民族乃至全人类能繁衍生息、可持续发展的责任担当和身体力行。

习近平总书记指出:"中华文明绵延数千年,有其独特的价值体系。"社会主义核心价值观就是对中华民族这一绵延数千年的独特价值体系的传承、发展和创新,而其中最重要的"爱国""文明""和谐""平等""友善""诚信""法治"等价值取向,正是"环境素养培育"特色教育的核心内容,是引领人与自然、人与社会和谐相处、协同共进的价值取向。因此,如何进一步把"环境素养培育"特色教育与践行社会主义核心价值观教育有机结合、深度融合,充分发挥"大环境"育人的潜移默化、春风化雨的教育功能,是我们在"环境素养培育"特色教育实践中将继续探索研究的课题。

"好雨知时节,当春乃发生。随风潜入夜,润物细无声。"我们所开展的以"'大环境'育人场"为特征的"环境素养培育",对于求知、求新欲很强的学生来说,就像当春乃发生的春雨,正在润物细无声地滋养着他们的心田,孕育着可持续发展的蓬勃生机。在这充满希望的田野上,必将盛开出鲜艳的生态文明之花,结出"厚德·报国"之果。

图书在版编目（CIP）数据

面向未来的环境素养培育 / 杨琳著. — 上海：上海教育出版社, 2019.12
ISBN 978-7-5444-9012-2

Ⅰ. ①面… Ⅱ. ①杨… Ⅲ. ①环境教育－教学研究－中学 Ⅳ. ①G633.982

中国版本图书馆CIP数据核字(2019)第281076号

责任编辑　李　玮
封面设计　陈　芸

面向未来的环境素养培育
杨　琳　著

| | | |
|---|---|---|
| 出版发行 | 上海教育出版社有限公司 | |
| 官　网 | www.seph.com.cn | |
| 地　址 | 上海市永福路123号 | |
| 邮　编 | 200031 | |
| 印　刷 | 上海展强印刷有限公司 | |
| 开　本 | 700×1000　1/16　印张 13.75　插页 1 | |
| 字　数 | 210 千字 | |
| 版　次 | 2019年12月第1版 | |
| 印　次 | 2019年12月第1次印刷 | |
| 书　号 | ISBN 978-7-5444-9012-2/G·7457 | |
| 定　价 | 59.00 元 | |

如发现质量问题，读者可向本社调换　电话：021-64377165